Andreas Nemeth

Begeistere Dich selbst!

So mixen Sie Ihren persönlichen Begeisterungscocktail!

AF271997

N·E·W
VERLAG

ANDREAS NEMETH

Begeistere Dich selbst!

So mixen Sie Ihren persönlichen Begeisterungscocktail!

IMPRESSUM

© 2012 N-E-W Verlag Johanna Nemeth, Bad Kissingen
Alle Rechte vorbehalten
Herstellung: Books on Demand GmbH, Norderstedt
Gestaltung & DTP: Wolf Scherner, Bad Kissingen
Foto Umschlag Vorderseite: Claus Lehmann, Diessen am Ammersee
Lekorat: Ulrike Ascheberg-Klever, Köln

ISBN: 978-3-9812084-6-7
1. Auflage 2000
Überarbeitete Neuauflage 2012

Bibliografische Information der Deutschen Nationalbibliothek
Die Deutsche Nationalbibliothek verzeichnet diese Publikation in
der Deutschen Nationalbibliografie; detaillierte bibliografische
Daten sind im Internet über Hyperlink *http://dnb.d-nb.de* abrufbar.

Inhalt

Statt eines Vorwortes!

Ich wünsche Ihnen mit diesem Buch
begeisternde Erkenntnisse,
ein Leben voller Lebensfreude
und Begeisterung – pur – !

Ihr Andreas Nemeth!

STARTEN SIE IHRE BEGEISTERNDE ZUKUNFT JETZT!

1. Das Wundermittel Begeisterung

Ist Begeisterung tatsächlich ein Wundermittel, werden Sie vielleicht fragen? Eines kann ich Ihnen vorab versichern: Ja, Begeisterung *ist* ein Wundermittel – und zwar das aller erfolgreichen und glücklichen Menschen auf dieser Welt.

Ganz gleich, wo Sie hinschauen und wen Sie sich ansehen: Eines werden Sie auf dieser Welt bei jedem angesehenen Menschen, erfolgreichen Unternehmen oder bewundernswerten Ergebnis immer entdecken:

Begeisterung!

Denken Sie nur an die Erfolge von Bill Gates, Thomas Gottschalk, von Mutter Theresa und dem Projekt „Menschen für Menschen" oder die Erfolgsstory von McDonald's. Bei all diesen Beispielen heißt das Zauberwort: Begeisterung!

Wenn Sie Misserfolg, unzufriedene Menschen oder erfolglose Unternehmen betrachten, fehlt meistens die Begeisterung. Jetzt könnte man meinen, dieser Mangel sei auf den jeweiligen Misserfolg zurückzuführen. Doch bei genauerem Hinsehen werden Sie feststellen, dass die Begeisterung bereits *vor* dem entstandenen Misserfolg fehlte.

Unzählige Beispiele belegen diesen Ansatz. Seien es Firmenpleiten, Karriereknicks vieler Manager oder auch die zunehmend hohe Scheidungsrate in Europa. Bei Firmenpleiten ist zuvor oft die Begeisterung verloren gegangen, die bei der Firmengründung ursprünglich einmal vorhanden war. Karriereknicks wurden eingeleitet durch den schleichenden Prozess der langsam schwindenden Begeisterung. Das Aus für viele Ehen, ist das Ergebnis der abhanden gekommenen Begeisterung.

Die Lösung für all diese Problemfälle hält das Wundermittel *Begeisterung* bereit. Ja, Sie haben richtig gelesen: All diese Fälle wären wieder zu reparieren. Man müsste nur das Wundermittel Begeisterung verordnen – und schon kämen angeschlagene Unternehmen wieder auf die Beine, erfolglose Manager würden wieder auf Erfolgskurs steuern und kaputte Ehen mit neuer Liebe und Zuwendung aufgepeppt werden.

1.1 Wie wirkt dieses Wundermittel?

Dieses Wundermittel setzt Kräfte in einem Menschen frei, die er sich vielleicht niemals vorstellen konnte. Es erzeugt Energien, mit denen wahrlich Berge versetzt werden können. Das Mittel erzeugt Euphorie und Lebensfreude, die unvorstellbar ist. Begeisterung wirkt wie ein Sog auf Menschen, die man gern um sich haben möchte. Dieses Wundermittel sorgt für Erfolge jeglicher Art. Hierbei spielt es keine Rolle, ob Sie beruflich, finanziell oder ganz privat erfolgreich sein wollen. Begeisterung hilft Ihnen in jedem Fall dabei. Wenn Sie einen gesunden und fitten Körper haben wollen oder einen Kopf, der Ihnen immer wieder neue Ideen liefert, dann nehmen Sie einfach eine Dosis Begeisterung und die gewünschten Ergebnisse stellen sich fast von allein ein.

Das alles können Sie nicht glauben? Sie brauchen es auch nicht zu glauben:

Probieren Sie dieses Wundermittel einfach aus!

Und wenn Sie dann noch nicht überzeugt sind, schicken Sie es problemlos zurück.

Doch Sie wären die oder der Erste, den das Ausprobieren dieses Wundermittels nicht überzeugt hätte, denn es hilft immer und überall. Bis jetzt hat es noch keinen Menschen auf dieser Welt gegeben, der die Begeisterung ausprobiert hat und mit dem Ergebnis nicht zufrieden gewesen wäre. Dieses Mittel wirkt unabhängig von Ihrer Persönlichkeitsstruktur, Ihrem Lebensweg oder auch von Ihrer momentanen Lebenssituation. Es ist egal, welchen Weg Sie bis heute beschritten haben, wie Ihre berufliche Situation aussieht, ob Sie Probleme in privaten oder beruflichen Lebensbereichen haben. Begeisterung hilft einfach, ob Sie wollen oder nicht.

Natürlich hat auch dieses Wundermittels Nebenwirkungen. Begeisterung erzeugt unweigerlich eine enorme Lebensfreude. Der Spaß an vielen Dingen des Lebens wächst mit der Dauer der Einnahme. Euphorische Glückszustände lassen sich nicht ausschließen. Sympathieschübe Ihrer Mitmenschen sind für Sie mit großer Wahrscheinlichkeit zu erwarten. Ihre berufliche Karriere wird mit höchster Wahrscheinlichkeit neuen Schwung bekommen. Ihre Partnerschaft erhält eine begeisternde Qualität. Und wenn Sie Kinder haben, werden diese sich verwundert die Augen reiben. Fragen wie: „Bleibt der Papa oder die Mama jetzt immer so ausgeglichen und fröhlich?", sollten Sie nicht schockieren. Ihre Probleme werden nicht mehr so bedrückend sein, wie sie es vor der Einnahme des Präparats waren. Der Ärger mit Mitmenschen wird aller Voraussicht nach rapide abnehmen.

Wenn Sie all diese Nebenwirkungen vermeiden wollen, dann gibt es nur eine Möglichkeit: Lassen Sie die Finger von diesem Wundermittel.

Daneben sind folgende Wechselwirkungen durchaus möglich:

In Verbindung mit Engagement potenziert sich die Wirkung von Begeisterung in jeglicher Hinsicht. Wenn Sie sich zum Beispiel für eine bestimmte Sache engagieren, steigt die Erfolgsquote im Quadrat zu der von Ihnen eingesetzten Begeisterung. Sehr schön kann man diese Wechselwirkung beispielsweise bei Bürgerinitiativen oder Vereinen beobachten. Auch die Erfolge von Greenpeace wären ohne Begeisterung und Engagement für den Umweltschutz undenkbar. Bei solchen Initiativen kommen unter anderem Idealismus und Begeisterung zusammen. Selbst Großkonzerne wurden mit Hilfe der genannten Wechselwirkung schon in die Knie gezwungen.

Zweifeln Sie an diesen Aussagen? Wenn ja, kann ich Ihnen sagen: „Mir ging es genauso wie Ihnen!" Auch ich zweifelte stark an diesen Aussagen und Versprechungen. Denn folgende Sätze hatten mich geprägt:

„Das Leben ist hart. Erfolg muss man sich schwer erkämpfen. Eine gute Partnerschaft kann einem niemand garantieren. Nur wer sich plagt, wird einen gesunden Körper haben. Zu große Ziele sind bloß frustrierend. Schuster, bleib bei deinen Leisten. Ein glückliches und zufriedenes Leben ist nur ganz wenigen Menschen vorbehalten."

Und jetzt lernte ich dieses Wundermittel Begeisterung kennen; all die genannten Wirkungen, Nebenwirkungen und Wechselwirkungen sollten plötzlich in mein Leben eintreten? Das kam mir doch ein wenig spanisch vor. Dennoch habe ich es, all meinen Bedenken zum Trotz, einfach ausprobiert. Und siehe da – alle Wirkungen, Nebenwirkungen und Wechselwirkungen sind eingetreten. Das Leben wurde abwechslungsreicher, bunter und erfolgreicher. Meine Partnerschaft wurde noch schöner als sie jemals war. Mein Beruf wurde plötzlich zu einer Berufung. Der entsprechende Erfolg stellte sich mehr und mehr ein. Mein Körper wurde, man höre und staune, durch einfaches Joggen immer fitter und fitter. Mein Freundeskreis wurde größer und immer mehr interessante Menschen stießen zu meinem Bekanntenkreis hinzu. Alles schien mir plötzlich viel leichter von der Hand zu gehen.

Also beschäftigte ich mich intensiver mit diesem Wundermittel. Denn die Wirkungen der Begeisterung waren mir immer noch ein wenig suspekt. Ich studierte Menschen und Unternehmen, die ebenfalls dieser Droge verfallen waren. Und ich stellte fest: Jeder, der sich der Begeisterung verschrieben hatte, war auf seinem Gebiet und im persönlichen Leben erfolgreich. Alle Menschen, die ich betrachtete und studierte, die sich täglich ein paar Dosen Begeisterung gönnten, hatten die gleichen Wirkungen, Wechselwirkungen und Nebenwirkungen wie ich erlebt.

Managerinnen und Manager, die sich mit der Begeisterung beschäftigten, hatten unvergleichliche Erfolge. Lebenspartner, die Begeisterung in ihre Beziehung brachten, lebten glücklicher als früher. Unternehmen, die sich mit der Begeisterung als Unternehmensphilosophie auseinander setzten, waren erfolgreicher als noch kurze Zeit davor. Sporttrainer, die mit Begeisterung ihre Mannschaften betreuten, brachten diese Teams auf die vorderen Plätze. Einzelne Sportler, die begeistert trainierten, waren plötzlich in ihren Sportarten ganz vorn dabei. Kinder, die mit Begeisterung erzogen wurden, wuchsen mit einem gesunden Selbstbewusstsein heran. Verkäufer, die sich das Mittel Begeisterung verabreichten, verkauften wie die Weltmeister. Führungskräfte, die mit Begeisterung ihre Führungsaufgaben wahrnahmen, hatten kaum noch Probleme mit ihren Mitarbeitern. Handwerker, die mit Begeisterung lösungsorientiert ihre Arbeiten erledigten, hatten volle Auftragsbücher. Lehrer, die mit Begeisterung ihre Schüler unterrichteten, reduzierten deren Durchfallquoten und ihren Stress mit Schülern erheblich. Alte Menschen, die sich ab und zu Begeisterung gönnten, blühten wieder auf und hatten Spaß an ihrem zweiten bzw. dritten Frühling.

All diese Beispiele überzeugten mich von diesem Wundermittel. Und ich bin sicher, dass auch Sie begeistert sein werden, von den Möglichkeiten, die Ihnen die Begeisterung bieten kann.

1.2 Wofür kann Begeisterung hilfreich sein?

Begeisterung kann in sehr vielen Dingen und Situationen mehr als hilfreich sein. Letztendlich könnte man die Begeisterung fast als Allheilmittel bezeichnen, doch mit solchen Versprechungen sollte man natürlich besser vorsichtig sein.

Das Leben zeigt uns immer wieder Beispiele, wie unterstützend Begeisterung in unterschiedlichen Alltagssituationen wirken kann. Vor kurzer Zeit habe ich einen Krankenhauspfarrer kennen gelernt, der mich mit seiner enorm positiven Ausstrahlung mehr als beeindruckte. Wie erlangt ein Mann, der tagaus tagein mit mehr oder weniger schwer kranken Menschen zu tun hat und mindestens einmal in der Woche an ein Totenbett gerufen wird, solch eine Ausstrahlung? Das habe ich ihn ganz einfach gefragt. Die Antwort, die dieser Pfarrer gab, hat mich zum Nachdenken angeregt: „Egal was ein Mensch zu tun hat, wenn er seine Aufgabe mit voller Hingabe erledigt, stellen sich Freude und auch Erfolg von allein ein. Wenn ich diese Hingabe nicht hätte, könnte ich den Menschen, mit denen ich tagtäglich zu tun habe, gar nicht den Trost spenden, den diese in oft sehr schwierigen Situationen benötigen. Außerdem wäre der Alltag für mich doch unerträglich, wenn ich meine Aufgabe nicht als Berufung sehen könnte."

Wenn also Hingabe ins Spiel kommt, sind belastende Lebenssituationen nicht mehr ganz so erdrückend, und oft zeigt sich am Horizont ein Hoffnungsschimmer. Welch Glück für die Betroffenen, wenn sie in solch einer Lebenslage einem Menschen wie diesem Priester begegnen. Er spielt in seiner Freizeit übrigens wunderbar Gitarre und hat auch schon eine CD herausgebracht, auf der sehr fröhliche und Mut machende Lieder zu hören sind.

Übertragen auf die Wirtschaftswelt bedeutet das: Wenn ein Unternehmen zum Beispiel Absatzprobleme hat, wird dessen Zukunftsperspektive sicherlich nicht allzu rosig aussehen. Gelingt es jedoch den Menschen in diesem Unternehmen, der Begeisterung den Weg zu ebnen, dann werden plötzlich neue Energien freigesetzt und damit die beste Voraussetzung geschaffen, um anstehende Probleme zu lösen.

Diesen Prozess hat beispielsweise die gesamte deutsche Automobilbranche schon mehrmals durchlaufen. Wenig innovative Modelle, hinterherhinkende Technik und dadurch Absatzprobleme am Weltmarkt versetzten die deutsche Automobilindustrie schon des Öfteren in schwierige Situationen. Doch jedes Mal ging ein Ruck durch diese Branche, den ich als neue Begeisterungswelle bezeichne. Mit dem Schwung dieser Welle gelang es der deutschen Automobilhersteller wieder, eine führende Position am Weltmarkt einzunehmen.

Wie im Großen, so auch im Kleinen: Gelingt es einem Paar nach vielen gemeinsamen Jahren eine neue Begeisterungswelle füreinander zu entfachen, steht dem weiteren Eheglück nichts im Wege.

Auch finanzielle Krisensituationen sind oft durch eine unerwartete Chance gelöst worden. Beispielsweise half bei der Krise des Baulöwen Philipp Holzmann die Motivation aller Beteiligten diese fast unlösbar erscheinende Aufgabe zu meistern.

Sie sehen also: Dieses Wundermittel kann – bei aller angebrachten Vorsicht – in vielen Fällen tatsächlich Wunder vollbringen.

1.3 Wie und woher bekomme ich dieses Wundermittel?

Begeisterung bekommen Sie in keiner Apotheke, von keinem Arzt verschrieben, und sie liegt auch nicht auf der Straße herum. Begeisterung kann Ihnen weder injiziert noch von anderen Menschen verabreicht werden.

Es gibt nur einen Ort, von dem Sie die Begeisterung beziehen können und auch nur eine Methode diese zu erhalten.

Die Begeisterung schlummert an dem Ihnen wohl bekanntesten Ort auf dieser Welt, und das sind Sie selbst. Sie allein beherbergen die Begeisterung, die speziell für Sie bevorratet wird. Sie müssen also gar nicht weit gehen, um den Begeisterungsort zu finden. Denn Sie tragen Ihr Begeisterungspotenzial ständig bei sich. Das ist doch eine gute Nachricht!

Dort, wo Sie gerade stehen, sitzen oder gehen, ist auch Ihre Begeisterung. Greifen Sie einfach zu! Sie müssen keinen Marathon laufen, keine Hunderte von Kilometern mit dem Auto fahren oder mit dem Flugzeug fliegen. Sie brauchen sich an keine andere Person zu wenden – und, jetzt kommt das Allerschönste, dieses Wundermittel kostet Sie keinen Euro. Es steht Ihnen ganz einfach zur Verfügung, jederzeit und kostenfrei!

Etwas anders sieht es mit der Methode aus, denn sie ist mit ein wenig Arbeit verbunden. Doch zucken Sie nicht zusammen, denn diese Arbeit wird Ihnen einen riesengroßen Spaß bereiten. Vielleicht wird es sogar die schönste Arbeit Ihres Lebens werden.

Die Methode besteht aus einer einfachen Vorgehensweise:

Graben Sie Ihr vorhandenes Begeisterungspotenzial aus!

Dazu brauchen Sie keinen Eispickel, keine Schaufel oder sonstige Gerätschaften. Sie benötigen nur ein Werkzeug, um diesen Schatz zu heben. Und dieses Werkzeug ist:

Ihr persönlicher Wille!

Wenn Sie diesen Willen besitzen oder auch entwickeln, kann nichts mehr schiefgehen. Dann werden Sie unweigerlich Ihr Begeisterungspotenzial entdecken und ausgraben können.

Eine weitere gute Nachricht ist, dass jeder Mensch auf dieser Welt dieses Begeisterungspotenzial besitzt. Einige Menschen erwecken den Eindruck, dass Sie nicht darüber verfügen. Doch der Schein trügt! Denn letztendlich sind alle Menschen von der Natur mit diesem Wundermittel ausgestattet worden. Nur haben manche vergessen, dass dieses Mittelchen in ihnen schlummert. Im Laufe der Jahre ist die Begeisterung durch bestimmte Lebensumstände sogar richtiggehend verschüttet worden. Selbst wenn ein Mensch einmal in sich hineinblickt, kann er das eigene Begeisterungspotenzial oftmals nicht auf den ersten Blick entdecken.

Bei genauerem Hinsehen jedoch kann jeder Mensch auf dieser Welt sein Begeisterungspotenzial erkennen. Und wer es einmal gefunden hat, dem ist es auch möglich, es mit Leichtigkeit wieder auszugraben.

Sind Sie gespannt, wie das Ganze funktioniert? Prima, dann lesen Sie einfach die nächsten Kapitel, denn dort finden Sie die

Gebrauchsanweisung für das Entdecken und Ausgraben Ihres eigenen Wundermittels. Doch das reine Lesen der folgenden Kapitel genügt nicht, arbeiten Sie diese auch durch. Denn die beste Gebrauchsanweisung nützt nichts, wenn sie nicht in die Tat umgesetzt wird.

Kaufen Sie sich zum Beispiel eine Kaffeemaschine und lesen nur die Gebrauchsanweisung durch, dann bekommen Sie noch lange keinen Kaffee von dieser Maschine geliefert. Sie *dürfen* die beschriebenen Schritte schon ausführen, damit Sie in den Genuss des Kaffees kommen.

Genauso verhält es sich mit der Begeisterung und mit diesem Buch. Das Lesen bringt Ihnen außer ein paar neuen Gedanken reichlich wenig. Erst die Umsetzung dieser Gedanken versetzt Sie in den Genuss der Begeisterung.

Demnach ist Ihr wichtigstes Werkzeug für dieses Buch

ein Bleistift!

Und wenn Sie es ganz besonders gut machen wollen, legen Sie sich noch

einen Marker

zurecht und

einen Schreibblock.

Mit dem Marker kennzeichnen Sie all die Stellen, die in diesem Buch für Sie besonders interessant sind. Und den Notizblock nutzen Sie für persönliche Aufzeichnungen. Immer wieder werden Sie auch in diesem Buch Platz für Ihre Gedanken finden. Doch vielleicht reicht Ihnen der Platz nicht aus, und dann sind Sie froh, wenn Sie Ihren Notizblock zur Hand haben. Am besten legen Sie jetzt eine kurze Lesepause ein und holen sich erst einmal Ihr Werkzeug.

Haben Sie jetzt alles? Wenn nicht, dann aber schnell. Vielleicht wollen Sie sich schon im nächsten Kapitel eine Notiz machen und Ihnen fehlt Ihr Handwerkszeug. Das wäre doch schade. Mir ist es wirklich sehr wichtig, dass Sie mit diesem Buch nicht nur Informationen erhalten, sondern auch tatsächlich Ihr Begeisterungspotenzial aktivieren.

2. Die innere Begeisterung – Ihr persönliches Basis-Serum

Johlende Menschenmengen während eines Popkonzerts, eines Fußballspiels oder einer anderen Veranstaltung zeigen dem Betrachter immer wieder: Hier erlebst Du Begeisterung pur.

Doch wie sieht es nach einem Popkonzert oder Fußballspiel aus? Dauert die Begeisterung dieser Menschenmassen im Anschluss an? Manchmal schon, manchmal nicht. Ab und zu schaut man sogar in sehr leere Gesichter, wenn solch ein Spektakel vorbei ist. Zu Hause angekommen, ist die erzeugte Begeisterung dann meist gänzlich verschwunden. Und am nächsten Tag ist bei den meisten Menschen von der Euphorie überhaupt nichts mehr zu spüren. Eigentlich sehr schade.

Der Grund: Solche Ereignisse bauen oft nur eine äußere Begeisterung auf. Selten jedoch tragen diese äußeren Begeisterungszustände zu einer anhaltenden Gefühlsregung bei. Obwohl ein riesengroßer Aufwand betrieben wird, gelingt es nur sehr selten, diese Art der Begeisterung dauerhaft auf die anwesenden Menschen zu übertragen. Das liegt daran, dass das Innere der Menschen nicht berührt wird. Und wenn ein Mensch sein inneres Begeisterungspotenzial noch nicht entdeckt und ausgegraben hat, bleiben diese Begeisterungsstürme an der Oberfläche hängen.

Man kann aber sehr wohl auch solche Veranstaltungen dazu nutzen, seine eigene Begeisterung noch stärker zu entfachen. Voraussetzung ist nur, dass man zuvor sein inneres Begeisterungspotenzial aktiviert hat. Ist einem dies gelungen, kann man sich mit Leichtigkeit auf der eigenen Begeisterungsskala längerfristig nach oben katapultieren.

Hat ein Mensch erst einmal seine innere Begeisterung ausgegraben, kann er nicht nur mit Hilfe solcher Events seine Begeisterungsskala positiv beeinflussen. Selbst ein Gespräch mit einem anderen Menschen kann dann dazu führen, dass man sich auf seiner Begeisterungsskala nach oben bewegt. Und Sie werden sehen, dass Sie dann nicht einmal mehr einen anderen Menschen brauchen, um sich jederzeit neu begeistern zu können.

Ein sehr populäres Beispiel für innere Begeisterung, die ansteckend wirkt, ist André Rieu. Haben Sie den großen Musiker schon einmal mit seinem Orchester live oder im Fernsehen erlebt? Wenn Sie sich diesen Mann anschauen, dann sehen Sie deutlich, wie innere Begeisterung auf das euphorisch klatschende Publikum überspringt. Dass André Rieu so erfolgreich mit seiner Musik ist, wird sicherlich kein Zufall sein. Es hat etwas mit Leidenschaft bzw. Begeisterung für das, was er tut zu tun.

Die einzige Voraussetzung für die persönliche Begeisterungsfähigkeit ist:

Entwickeln Sie Ihre innere Begeisterung!

2.1 Welches Begeisterungspotenzial besitze ich bereits?

Dies ist eine ganz entscheidende Frage, wenn es darum geht dem Wundermittel *Begeisterung* auf die Spur zu kommen. Jeder Mensch besitzt ein ganz bestimmtes Begeisterungspotenzial. Die Frage ist nur: Welche Ausmaße hat dieses Potenzial bei einem Menschen? Die Antwort lautet:

Ihr Begeisterungspotenzial hat gigantische Ausmaße!

Sie fragen, woher ich das weiß, ohne Sie zu kennen? Das verrate ich Ihnen gern:

Ich habe noch keinen Menschen kennen gelernt, der nicht ein gigantisches Begeisterungspotenzial besitzt. Selbst der größte Langeweiler, der antriebsärmste Mitarbeiter oder der lustloseste Jugendliche hat bei genauerem Hinsehen ein enormes Begeisterungspotenzial. Man benötigt nur den passenden Schlüssel, der das Schloss öffnet und das vorhandene Begeisterungspotenzial zum Vorschein bringt. Und Sie werden sehen, dass dieser Schlüssel bei jedem Menschen zu finden ist. Lediglich die Methode ihn zu erhalten, unterscheidet sich von Fall zu Fall.

Doch schauen wir erst einmal, welche verschiedenen Formen von Begeisterungspotenzialen bei unterschiedlichen Menschen vorhanden sein können:

Da ist zum einen die Begeisterung für gewisse Hobbys. Das kann eine Briefmarkensammlung sein, aber auch irgendeine aktiv betriebene Sportart,. Es kann ein Sportverein sein, für den sich ein Mensch begeistert. Den einen begeistert es, zu wandern, den anderen macht es glücklich, jeden Morgen seine 1000 Meter im Schwimmbad zu absolvieren.

Es soll sogar Menschen geben, die sich für Ihren Beruf engagieren und mit Begeisterung ihren Job ausüben. Andere begeistern sich wiederum für ihre Kinder. Die Beschäftigung mit karitativen, politischen oder ökologischen Themen zeugt ebenfalls von hoher Motivation und Engagement für die jeweilige Sache.

Andere Menschen begeistern sich für ihren Urlaub oder ihre Freizeit. Wieder andere sitzen am liebsten völlig bewegungslos vor ihrem Fernseher und begeistern sich für nachmittägliche Talk-Shows.

Für den Inhalt dieses Kapitels ist es völlig unerheblich, wofür sich ein Mensch begeistert. Hauptsache ist, dass es für jeden Menschen irgendeine Sache oder eine Beschäftigung gibt, die er oder sie hoch motiviert ausführt. Sollten Sie einmal jemanden kennen lernen, der sich für wirklich gar nichts begeistert, dann schicken Sie ihn zu mir. Ich wäre sehr gespannt, einem solchen Menschen einmal zu begegnen.

Lassen Sie sich bitte nicht täuschen. Natürlich gibt es einige Menschen, die nach außen kaum eine Begeisterungsregung zeigen. Bei genauerer Betrachtung findet man dann doch den einen oder anderen Begeisterungsfaktor. Auch wenn es nur die Begeisterung dafür ist, gegen alles zu sein.

Einer unserer Bekannten, hat zum Beispiel ein unsagbares Vergnügen daran, abschreckende Geschichten zu erzählen. Für ihn ist es die größte Freude, mir zu berichten, was alles auf dieser Welt passieren könnte. Als ich ihm irgendwann erzählte, dass ich jeden Tag jogge, klärte er mich gleich auf, welche schwer wiegende Gelenkschäden das Joggen verursachen kann. Nachdem er von mir erfuhr, dass ich täglich zusätzlich Vitaminpräparate zu mir nehme, erklärte er mir mit Begeisterung, wo sich bestimmte Vitamine im Körper ablagern können. Unsere Tochter studiert in einer größeren Stadt. Kaum hatte ich das erwähnt, fing er gleich an auf die Gefahren von Großstädten hinzuweisen; angefangen vom Drogendealer bis hin zum Untergang vieler junger Menschen in den Fängen einer Großstadt, wusste er sehr viel zu berichten.

Bei diesem Menschen könnte man wirklich den Eindruck haben, ihn begeistert nichts. Doch das Gegenteil ist der Fall. Er begeistert sich für alles Negative dieser Welt. Das ist natürlich nicht gerade sehr erstrebenswert. Doch immerhin zeigt es mir, dass auch er ein Begeisterungspotenzial besitzt. Sollte sich in seinem Leben oder an seiner Einstellung etwas ändern, könnte er sein Begeisterungspotenzial sicherlich auch für eine etwas positivere Sichtweise nutzen.

Sie sehen, selbst in scheinbar aussichtslosen Fällen wird ein gewisses Begeisterungspotenzial sichtbar. Die Frage, die sich jetzt stellt, ist aber: Warum ist dieses Potenzial nicht für jeden Menschen sofort greifbar?

Wenn Sie sich zum Beispiel Kinder anschauen, dann werden Sie bei den meisten großes Begeisterungspotenzial entdecken. Ein Baby begeistert sich für die allerkleinsten Dinge dieser Welt. Es entdeckt täglich Neues – eine teure Blumenvase fasziniert dieses Baby, genauso wie ein einfaches Glas.

Ist dieses Kleinkind dann etwas größer, begeistert es sich für die Spielkameraden im Kindergarten. Die einfachsten Spiele erzielen oftmals die größten Wirkungen. Später, in der Schule, begeistert sich dieses Kind vielleicht für die Streiche, die es Lehrern spielt; wenn man Glück hat, sogar für das eine oder andere Schulfach. Doch bei einigen lässt die Begeisterung bereits in diesem Alter schon ein wenig nach. Im schlimmsten Fall hat ein Jugendlicher, dann die so genannte „Null-Bock-Mentalität". Jetzt bedarf es bereits größerer Effekte, um Begeisterungsstürme auszulösen. Diese können positiver Natur sein, wie zum Beispiel die Freude bei einem Rockkonzert, allerdings auch weniger positiv, so die Begeisterung beim Randalieren.

Auf jeden Fall ist häufig zu beobachten, dass die Begeisterung mit zunehmendem Alter rapide nachlässt.

Wie entsteht nun diese Entwicklung bei den kleinen und großen Erdenbürgern? Dies funktioniert folgendermaßen: Das vorhandene Begeisterungspotenzial wird sehr oft langsam, aber sicher unterdrückt. Und zwar nicht von dem Kleinkind oder Schüler, sondern von deren Umfeld. Dazu gehören die Eltern, Großeltern, Freunde, Lehrer und auch Geschwister.

Bevor Sie jetzt auf mich losgehen, warten Sie noch einen Augenblick, denn alle Beteiligten dieses Prozesses agieren unbewusst. Anders ausgedrückt: Kein Elternpaar dieser Welt und auch nicht die Großeltern haben es sich zur Aufgabe gemacht, das Begeisterungspotenzial ihrer Kinder zu unterdrücken. Kein Lehrer wird morgens mit dem Vorsatz in seine Schule gehen, das Begeisterungspotenzial seiner Schüler zurückzudrängen. Dieser Prozess geht schleichend und meist unbemerkt vor sich.

Die Anfänge sind meist ganz harmlos: „Lass die Finger davon weg! Sei nicht so neugierig. So etwas fragt man doch nicht!", sind oftmals die Forderungen besorgter Eltern. „Dir wird das Lachen auch noch vergehen, wenn Du erst einmal groß bist! Du wirst auch noch lernen, dass nicht alles Gold ist, was glänzt! Jetzt beginnt der Ernst des Lebens!", sind weitere beliebte Sprüche, um Kinder auf das „harte"

Leben vorzubereiten. In der Schule angekommen, geht es dann weiter: „Nicht für die Schule lernen wir, sondern für das Leben! Wer laut lacht, geht vor die Türe!". Später dann in der Ausbildung oder an der Uni klingen die Begeisterungsunterdrücker folgendermaßen: „Lehrjahre sind keine Herrenjahre. Ohne Schweiß kein Preis. Wir sind nicht da, um Spaß zu haben, sondern um Ihre Ausbildung voranzubringen!". All das sind Aussagen, die das Begeisterungspotenzial in Grenzen halten, soweit es zu diesem Zeitpunkt überhaupt noch erkennbar ist.

Kamen Ihnen einige Sprüche bekannt vor? Wahrscheinlich schon. Es sei denn, Sie hatten das große Glück in einem Umfeld aufzuwachsen, das sich nicht dieser Erziehungsmethoden bediente. Dass Sie Eltern und Geschwister haben, die sich anders verhielten, kann ich mir noch gut vorstellen. Doch spätestens in der Schule, in der Ausbildung oder während des Studiums sind Sie aller Wahrscheinlichkeit nach mit solchen oder ähnlichen Aussagen konfrontiert worden.

Wenn Sie sich die Gesellschaft im Allgemeinen oder manche Betriebe im Speziellen anschauen, sehen Sie das Ergebnis dieser Erziehungsprozesse: Unmotivierte Mitarbeiter arbeiten mit lustlosen Führungskräften in einer wenig begeisternden Unternehmenskultur zusammen. Und dann kommen auch noch frustrierte Kunden in dieses Unternehmen, um lustlos einzukaufen.

Natürlich gibt es auch zahlreiche Unternehmen, in denen begeisterte Mitarbeiter und engagierte Führungskräfte begeisterte Kunden in einer freudigen Unternehmenskultur mit Enthusiasmus betreuen. Doch diese sind nicht von allen entstanden, sondern das Ergebnis eines permanent verlaufenden Prozesses – dem Ausgraben der jeweils vorhandenen Begeisterungspotenziale. Genau hierin unterstütze ich zahlreiche Unternehmen.

Wie gräbt man nun das vorhandene Begeisterungspotenzial aus? Dies ist gar nicht so schwierig, wie Sie vielleicht denken. Wenn man erst einmal erkannt hat, dass dieses Begeisterungspotenzial existiert, kann man sich auf Entdeckungsreise begeben. Dafür brauchen Sie Ihren Bleistift, ein wenig Zeit und ein bisschen Muße. Dann setzen Sie sich hin und beantworten ein paar Fragen.

Was hat mich in meinem Leben schon alles begeistert?, wäre zum Beispiel solch eine Frage.

Wenn Ihnen die Beantwortung zu schwierig erscheint, ist das überhaupt kein Problem, dann formulieren Sie diese Frage einfach um. Sie könnte auch folgendermaßen klingen: Was hat mir in meinem Leben schon alles Freude bereitet, was hat mich schon wirklich interessiert? Wenn Sie sich dann diese Fragen beantworten, stoßen Sie unweigerlich auf Ihr vorhandenes Begeisterungspotenzial. Wetten dass?

Also legen Sie am besten gleich einmal los, schnappen Sie Ihren Bleistift und beantworten Sie die folgenden Fragen.

Was hat mich in meinem Leben schon alles begeistert?
1.

2.

3.

4.

5.

6.

7.

8.

9.

10.

Was hat mir in meinem Leben Freude bereitet?

1.

2.

3.

4.

5.

6.

7.

8.

9.

10.

Für welche Dinge habe ich mich bereits in meinem Leben interessiert?

1.

2.

3.

4.

5.

6.

7.

8.

9.

10.

Sind Ihnen jeweils zehn Beispiele eingefallen? Wenn nicht, dann blättern Sie schleunigst zurück, denn Sie wollen doch nicht allen Ernstes behaupten, dass Sie keine zehn begeisternde Momente in Ihrem Leben hatten.

Sollte Ihnen aus Ihrer jüngeren Vergangenheit nichts einfallen, dann denken Sie ruhig ein wenig weiter zurück. In Ihrer Kindheit oder Jugend gibt es sicherlich eine Menge Situationen, in denen Sie begeistert waren.

Vielen meiner Seminarteilnehmern fällt es tatsächlich erst einmal schwer, sich zehn Situationen zu notieren, in denen sie begeistert waren. „Woran könnte das liegen?", ist eine Frage, die mich lange Zeit beschäftigt hat.

Die Antwort ist jedoch in den meisten Fällen sehr einfach. Relativ wenig Menschen beschäftigen sich mit diesen Begeisterungsfragen. Es sind für sehr viele Menschen äußerst ungewöhnliche Fragen, und es fällt uns oftmals nicht leicht, uns auf Ungewöhnliches einzulassen.

Machen Sie ruhig einmal den Versuch, und fragen Sie die Menschen in Ihrem Umfeld nach zehn begeisterten Situationen. Sie werden erstaunt sein, wie viele der Befragten, erst einmal gar keine oder sehr wenige Situationen kennen.

Und das, obwohl die meisten Menschen in unseren Breitengraden seit fast 70 Jahren keinen Krieg erlebten, ein Dach über dem Kopf haben und im Vergleich zu Menschen in anderen Regionen dieser Welt ein sehr angenehmes Leben führen.

Das Problem hierbei ist neben der ungewohnten Fragestellung, dass viele Menschen verlernt haben, sich auf diese begeisternden Faktoren des Lebens zu konzentrieren. Zahlreiche Menschen auf dieser Erde wurden darauf konditioniert – und haben selbst ihren Teil dazu beigetragen –weniger begeisternde Faktoren verstärkt wahrzunehmen. Genau aus diesem Grund fällt es ihnen so schwer, spontan zehn begeisternde Lebenssituationen zu nennen. Wie man diese Angewohnheit ändern kann, erfahren Sie unter anderem im nächsten Kapitel.

Ist Ihnen die Beantwortung der Fragen leicht gefallen, freuen Sie sich einfach darüber. Denn, ob es Ihnen schwer oder leicht gefallen ist, ist für uns nur eine Nebensache auf dem Weg zu Ihrem persönlichen Begeisterungspotenzial. Hauptsache, Sie haben mittlerweile mindestens zehn Punkte gefunden. Wenn nicht, dann blättern Sie schnell noch einmal zurück zu Ihrer Check-Liste, bevor Sie weiter lesen.

Ein wunderbares Beispiel für die Auswirkungen des inneren Begeisterungspotenzials ist das Projekt „Menschen für Menschen". Dieses Projekt wurde mehr oder weniger zufällig von Karlheinz Böhm bei einer Fernsehwette ins Leben gerufen. Die Flut der Spenden und der Anblick der hilfsbedürftigen Menschen in Afrika haben bei Karlheinz Böhm ein Begeisterungspotenzial entfacht, das seinesgleichen sucht. Er gab seinen Beruf als Schauspieler auf und widmete sich von heute auf morgen der neuen Lebensaufgabe, anderen Menschen zu helfen.

Sie brauchen allerdings nicht gleich alles hinzuwerfen, um ebenfalls glücklich zu werden. Doch wenn Sie die Tipps aus diesem Kapitel umsetzen, werden auch Sie Ihr vorhandenes Begeisterungspotenzial entdecken.

2.2 Wie entwickle ich mein inneres Begeisterungspotenzial?

Jetzt haben Sie zehn oder sogar mehr begeisternde Lebenssituationen gefunden und damit auf jeden Fall schon einmal Ihr Begeisterungspotenzial entdeckt. Damit ist eine Grundvoraussetzung für Ihren Weg zur Begeisterung geschaffen.

Allein diese Erkenntnis ist doch schon ein Grund zum Feiern. Oder was meinen Sie? Wenn Sie Lust haben, dann gönnen Sie sich ein Glas Sekt oder Champagner. So entsteht vielleicht ein neuer Begeisterungsmoment in Ihrem Leben. Wer weiß?

Jetzt brauchen Sie nur noch dieses vorhandene Potenzial auszubauen. Denn was nützt das größte Begeisterungspotenzial, wenn es nicht genutzt und gefördert wird.

Sehr schön kann man diese Entwicklung bei Menschen betrachten, die – ausgestattet mit vielen Talenten – irgendeiner Beschäftigung nachgehen. Nach einiger Zeit ist von der Anfangseuphorie oft nicht mehr viel übrig geblieben. Sie reihen sich ein in die Masse der Durchschnittsbürger, die mit mehr oder weniger Freude ihre Arbeit, andere Tätigkeiten oder ihren Sport wahrnehmen.

Aus jungen begeisterten Fußballern oder Leichtathleten werden Durchschnittssportler. Aus engagierten Mitarbeitern werden durchschnittliche Arbeitnehmer. Aus begeisterten Joggern oder Mountainbikern werden bewegungsarme Durchschnittsbürger, die ihren Körper nur noch zum Sitzen und Autofahren gebrauchen.

Wie aber kommt es dieser Entwicklung? Wie wird aus einem begeisterten und erfolgreichen Verkäufer ein Durchschnittsverkäufer?

Warum mutiert ein euphorischer Junglehrer zum frustrierten Studienrat? Was steckt hinter der Verwandlung eines dynamischen Unternehmers, in einen, der sich einreiht in die Riege der jammernden und klagenden Unternehmer? Wie wird aus einem verliebten Paar ein sich gegenseitig nervendes Ehepaar?

Das funktioniert (leider) ganz einfach. Sie müssen nur folgende Regel beachten:

„Entwickle Dein Begeisterungspotenzial auf keinen Fall." Ich verspreche Ihnen, Sie werden ganz schnell selbst zu einem Durchschnittsmenschen, der sich nur noch an ganz Wenigem erfreuen kann. Berufliche Erfolge motivieren Sie nicht mehr, Herausforderungen des Lebens langweilen Sie mit der Zeit oder frustrieren Sie sogar. Ihr Lebens- oder Ehepartner geht Ihnen mit der Zeit immer mehr auf den Geist.

Das muss aber nicht so sein. Auch wenn Ihnen die ganze Welt einzureden versucht, dass dies der Lauf der Zeit ist. Glauben Sie es nicht. Zahlreiche Beispiele von begeisterten älteren und jüngeren Menschen beweisen tagtäglich das Gegenteil: erfolgreiche Unternehmer, euphorische Mitarbeiter, engagierte Lehrer, die kurz vor der Pension stehen. Ob Sie es glauben wollen oder nicht, eine Menge verliebter Ehepaare, die schon die goldene Hochzeit hinter sich haben, zeigen Ihnen und mir, dass die Begeisterung füreinander ein ganzes Menschenleben andauern kann.

Ich gebe zu, diese Menschen stehen nicht auf den Titelseiten der Zeitungen. Erfolgreiche und begeisterte Unternehmer füllen nicht die Seiten seriöser Wirtschaftsblätter. Die Stammtischgespräche dieser Welt erzählen in den wenigsten Fällen von glücklichen Ehepaaren. Unternehmersymposien bringen selten das Thema: „Ich habe nur begeisterte Mitarbeiter!" auf die Tagesordnung. Doch es gibt sie, die

Spezies *Begeisterter Mensch*. Sie *dürfen* nur genau hinsehen.

Es sind nicht nur die Bill Gates´ dieser Welt, die ihr Unternehmen mit Begeisterung führen. Es ist nicht nur ein Pestalozzi, der sich für kindgerechtes Lernen einsetzt. Es ist auch nicht nur der Papst, der für eine lebenslange Liebe plädiert. Es sind Menschen wie du und ich.

Genau in Ihrer Stadt gibt es den oder sogar die Unternehmer, die mit Freude ihr Unternehmen führen. Auch in jeder Amtsstube gibt es Mitarbeiter, die nicht nur ihren Dienst nach Vorschrift leisten, sondern voller Engagement ihren Job ausüben. Ein wunderbares Beispiel ist für mich das Postamt in Bad Kissingen. Wenn Sie einmal in unsere wunderschöne Kurstadt kommen, werden Sie überrascht sein, mit wie viel Herzlichkeit Sie in unserem Postamt umsorgt werden, um nur einen „Wohlfühlfaktor" zu nennen

Auch in Ihrer Nachbarschaft werden Sie einige Ehepaare finden, die mit Begeisterung voneinander reden und seit vielen Jahren mehr als glücklich zusammen sind.

Öffnen Sie Ihre Augen und betrachten Sie die Welt einmal mit einer ganz besonderen Brille, um Positives wahrzunehmen. Konzentrieren Sie sich auf alles, was den Anschein von Begeisterung hat. Und ich verspreche Ihnen, Sie werden eine Menge begeisterter Menschen entdecken.

All die soeben beschriebenen Menschen haben eines gemeinsam: Sie entwickeln ihr vorhandenes Begeisterungspotenzial tagtäglich. Wenn man dies nämlich nicht weiterentwickelt, schläft es unweigerlich ein. Ein Unternehmer, der nicht täglich an seinem Begeisterungspotenzial arbeitet, wird irgendwann den Spaß an seinem Unternehmen verlieren. Ein Mitarbeiter, der sich nicht immer wieder bewusst macht, welches Begeisterungspotenzial in ihm und in seiner Tätigkeit steckt, wird sich auf Dauer in seinem Job langweilen. Ein Sportler, der sich nicht ständig von neuem für seine Sportart begeistert, wird irgendwann ein Durchschnittssportler sein. Ein Partner, der sich nicht von Zeit zu Zeit das Begeisterungspotenzial seiner Partnerschaft oder seines Partners vor Augen führt, verliert das Interesse an dieser Gemeinsamkeit. Das ist so sicher wie das Amen in der Kirche.

Anhand einiger Beispiele möchte ich Ihnen einmal zeigen, wie man sich immer wieder neu begeistern kann:

Ein Kunde von mir, der ein sehr erfolgreiches Textilunternehmen besitzt, hat eine äußerst eigenartige Angewohnheit: Jedes Mal, wenn ich ihn besuche, begrüßt er mich mit seinem ansteckenden Lachen und marschiert mit mir sofort in Richtung Kollektionsraum. Dort startet er unverzüglich eine Kollektionspräsentation vom Allerfeinsten. Er spricht über jedes Kollektionsteil so begeistert, als ob er es zum ersten Mal sehen würde. Jeden Artikel und jede Serie nimmt er viele Male in die Hand, um mir zu zeigen, wie wertvoll und fantastisch gerade dieser Artikel ist. Obwohl ich weder ein Modegeschäft besitze noch vorhabe, eines zu eröffnen, präsentiert er mir die gesamte Kollektion. Das ist Begeisterung pur. Genau mit dieser Begeisterung führt er sein Unternehmen und überträgt sie auf seine Mitarbeiter und seine Kunden. Dieses Unternehmen gehört zu den erfolgreichsten in dieser Branche und hat gerade in den letzten Jahren Marktanteile dazugewonnen, von denen manch andere Unternehmer nur träumen können.

Ein anderes nennenswertes Beispiel ist mein Zahnarzt. Früher waren Zahnarztbesuche nicht gerade die glücklichsten Momente in meinem Leben. Doch das hat sich seit einigen Jahren grundlegend geändert. Mein behandelnder Zahnarzt, den ich seit dieser Zeit besuche, begeistert mich jedes Mal aufs Neue. Abgesehen davon, dass er eine top ausgestattete Praxis hat, die mit allen Extras eingerichtet ist, und sehr kompetente und nette Arzthelferinnen beschäftigt, strahlt dieser Mann eine Begeisterung aus, dass selbst mir „Hören und Sehen" vergehen. Mit Begeisterung erzählt er jedes Mal von interessanten Kongressen, innovativen Behandlungsmethoden oder neuen Lasergeräten. Allein bei seinem Anblick und beim Zuhören hat man fast keine Zahnschmerzen mehr. Er zählt auf seinen Spezialgebieten, der Laserheilkunde und der Implantologie, zu den führenden Zahnärzten Deutschlands, wenn nicht sogar auf der ganzen Welt, denn vor kurzem hat er eine Professur in New York erhalten.

Überlegen Sie sich nun, wie jung dieser Zahnarzt ist? Er ist 55 Jahre alt und hat die Praxis seit seinem 27. Lebensjahr. Das bedeutet, er steht seit 28 Jahren in seiner Praxis und schaut anderen Menschen in den Mund. Dennoch hat er sich die Begeisterung für seinen Beruf und seine Patienten über diesen Zeitraum nicht nur erhalten, sondern sogar noch ausgebaut. Sozialgesetzreform, Zuzahlungsbeschränkungen beim Zahnersatz und andere Erschwernisse für die Zahnärzte in Deutschland gingen an meinem Doktor spurlos vorbei. Sein Wartezimmer ist ständig mit Patienten aus ganz Deutschland gefüllt. Das ist natürlich auch das Ergebnis seines Könnens. Doch in erster Linie ist es das Resultat der Begeisterung für seine Arbeit, für seine Patienten und für sein Leben.

Damit auch *Sie Ihr* Begeisterungspotenzial entwickeln können, sollten Sie nun ein paar weitere Fragen beantworten.
Überlegen Sie dazu einmal, was Ihnen zu den folgenden Fragen in den Sinn kommt:

Was begeistert mich momentan in meinem Leben?

Was schätze ich an meinem Partner bzw. meinen Freunden?

Was liebe ich an meinen Kindern? (sofern Sie Kinder haben)

Was fasziniert mich an meinem Beruf?

Was begeistert mich an meinen Hobbys?

Was begeistert mich an meinen Arbeitskollegen, Kunden, Chefs?

Was überzeugt mich von meiner Person?

Machen Sie sich nichts daraus, wenn Ihnen die Beantwortung eventuell schwergefallen ist. Dann gehören Sie zu dem Großteil der Menschen auf dieser Welt. Zum Beispiel die Frage nach der Begeisterung für die Chefs, fällt vielen Mitarbeitern in einigen Unternehmen äußerst schwer. Noch komplizierter ist für viele die Antwort auf: „Was begeistert mich an meiner Person, wovon bin ich überzeugt?"

Ich empfehle Ihnen jedoch:

Nehmen Sie diese Herausforderung an!

Lassen Sie sich nicht dazu verführen, diese Fragen zu übergehen. Lesen Sie nicht einfach weiter. Denn nur über die Beantwortung dieser Fragen wird es Ihnen gelingen, eine permanente Begeisterung aufzubauen.

Sie begegnen mit diesen Fragen dem „Gesetz der Vertrautheit". Die Wirkung dieses Gesetzes können Sie schon bei Kindern beobachten. Anfangs möchten die Kleinen oft ein ganz bestimmtes Spielzeug unbedingt haben und stehen mit glänzenden Augen vor dem Spielwarengeschäft. Doch schon kurze Zeit später, wenn sie das gewünschte Spielzeug besitzen, liegt es in der Ecke herum und wird kaum noch beachtet. Die Begeisterung ist weg und weicht der Gewöhnung.

Hören Sie einmal einem Menschen zu, der eine neue Arbeitsstelle angetreten hat. Meistens schwärmt er oder sie in den höchsten Tönen von seinem/ihrem neuen Arbeitgeber, den neuen Arbeitskollegen und dem fantastischen Arbeitsklima in diesem Unternehmen. Doch nach einiger Zeit, hört dieser Mensch auf zu schwärmen. Schlimmer noch, er oder sie schimpft jetzt auf die Chefs, Arbeitskollegen und das Arbeitsklima.

Schade eigentlich! Was hat sich geändert? Meistens einzig und allein die Sichtweise der betroffenen Person. Ich gebe zu, dass man Chefs oder Arbeitskollegen mit der Zeit besser kennen lernt und auch nicht so angenehme Seiten entdeckt. Doch in den seltensten Fällen sind diese so drastisch, dass sie einen Grund für das Nachlassen oder gänzliche Verschwinden von Begeisterung darstellen. Lediglich die Sichtweise des neuen Mitarbeiters ändert sich mit der Zeit. Das geschieht folgendermaßen:

Tritt ein Mensch eine neue Arbeitsstelle an, konzentriert er oder sie sich auf alle Perspektiven, die positiv und begeisternd sind. Ein frisch verliebtes Paar richtet seine Aufmerksamkeit auf alle liebevollen Eigenschaften des neuen Partners. Frisch gebackene Eltern sehen vor allen Dingen die gewachsene Liebe in ihrem neuen Familienmitglied.

Doch mit der Zeit sind einem diese positiven und begeisternden Eigenschaften und Umstände vertraut. Sie erscheinen normal, und vieles, was für uns Menschen normal ist, schätzen wir leider oftmals nicht mehr in dem Maße.

Ich selbst habe diesen Vorgang vor einiger Zeit bewusst erlebt. Wir hatten Besuch von einem Freund, der seit Jahren als Entwicklungshelfer in Bolivien lebt. Unser Freund gönnte sich ein paar Wochen Urlaub in seinem Heimatland Deutschland. Während wir bei einem Glas Wein zusammensaßen, schilderte er uns Erlebnisse aus einem wunderbaren Land.

„Nirgendwo auf der Welt habe ich solch einen Reichtum wie in diesem Land gesehen. Die Menschen unterschiedlicher Nationalitäten leben miteinander, ohne dass es größere Probleme gibt. Ein riesiges Verkehrsnetz zieht sich durch dieses Land. Der Reichtum in diesem Land ist unvorstellbar. Selbst wenn einer der Landesbewohner ohne Arbeit ist, wird er in den meisten Fällen von der Gesellschaft unterstützt. Jeder kann seine Meinung frei äußern, ohne Angst haben zu müssen, eingesperrt zu werden. In den Geschäften findet man fast alles, was das Herz begehrt. Ich kenne kaum ein Land, in dem die Voraussetzungen optimaler sind, um glücklich und zufrieden leben zu können", schwärmte er.

Ahnen Sie bereits, über welches Land unser Freund sprach? Es war Deutschland. Als ich meinem Freund so zuhörte, machte es in meinem Kopf wieder einmal klick, klick. Ich hätte ihm, ehrlich gesagt, Deutschland sicherlich nicht so rosig geschildert. Unzulänglichkeiten im sozialen Netz, Probleme bei der Integration von Ausländern, Lücken im Eisenbahnnetz, Schwierigkeiten bei der Bekämpfung der Arbeitslosigkeit und Lustlosigkeit bei der Servicebereitstellung in den Geschäften, hätten unter anderem meine Erzählung geprägt.

Unser Freund öffnete mir mit seiner begeisterten und begeisternden Schilderung über Deutschland die Augen. Er hat nämlich Recht. Wir leben in einem Land, das wirklich Anlass zu Begeisterung gibt. Nur sehen wir diese begeisternden Faktoren oftmals gar nicht mehr, denn sie sind uns tagtäglich vertraut. Wir konzentrieren uns zu sehr auf den Mangel, der im Vergleich zu anderen Ländern jedoch verschwindend gering ist.

Um mir das bewusst zu machen, musste erst ein Freund aus Bolivien kommen. Deutschland ist nicht nur der Traum vieler Bolivianer, sondern gehört zu den Ländern auf dieser Erde, die vielen anderen Nationen Begeisterungsstürme entlocken.

Nun zähle ich mich schon zu den Menschen, die sich immer wieder auf die Begeisterungsfaktoren des Lebens konzentrieren. Trotzdem wurde mir in diesem Gespräch klar, wie schnell ich selbst von dem „Gesetz der Vertrautheit" eingefangen wurde. Doch als ich meinem Freund, meine Gedanken mitteilte, beruhigte er mich. Denn er war der Meinung, dass auch die Bolivianer diesen Luxus nicht mehr schätzen würden, wenn sie ihn tagtäglich nutzen könnten.

Ich meine jedoch, das muss nicht so sein. Wenn jeder Mensch sein vorhandenes Begeisterungspotenzial entwickeln würde, gäbe es bedeutend mehr begeisterte und aktive Menschen auf dieser Welt.

Übertragen auf unseren Alltag bedeutet dies: Wir müssten uns immer wieder die vorhandenen Begeisterungsfaktoren bewusst machen, um eine innere Begeisterung zu erzielen. Und genau dazu sind die Fragen in diesem Kapitel der richtige Ansatz.

Natürlich können Sie den Fragenkatalog erweitern und auf Ihre jeweiligen Lebensumstände zuschneiden. Auf jeden Fall aber sollten Sie sich am Ende des Kapitels mit jeder Frage eingehend beschäftigt haben.
Weitere interessante Fragen wären sicherlich:

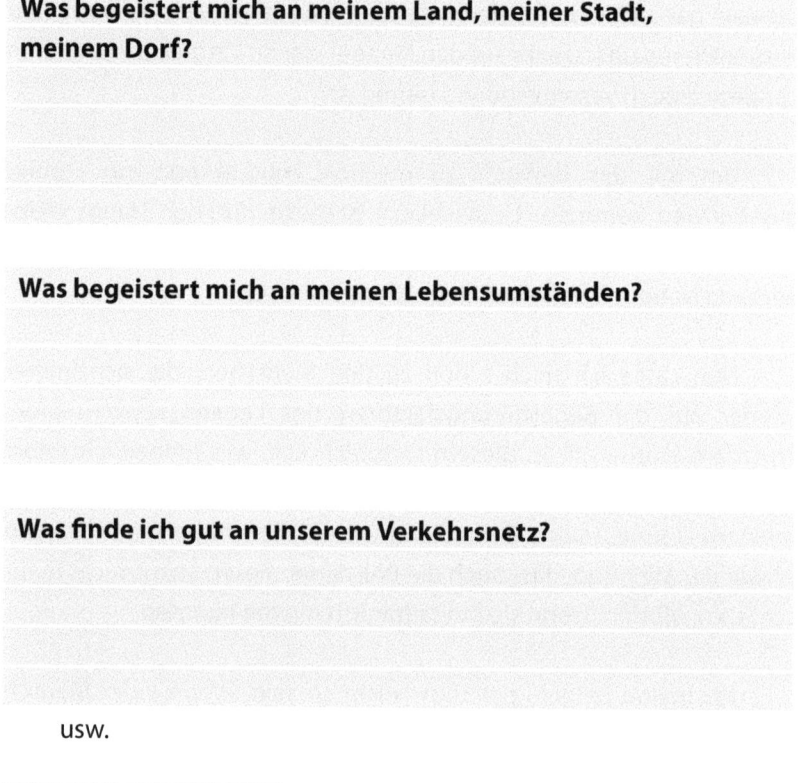

Was begeistert mich an meinem Land, meiner Stadt, meinem Dorf?

Was begeistert mich an meinen Lebensumständen?

Was finde ich gut an unserem Verkehrsnetz?

usw.

Nur wer seine Sichtweise radikal ändert, entwickelt sein vorhandenes Begeisterungspotenzial.

Dies hat übrigens nichts mit positivem Denken zu tun. Diese Art der Betrachtung wendet sich nur dem realistischen Denken zu. Denn Realität ist: Deutschland, Österreich und natürlich auch die Schweiz gehören zu den reichsten Ländern dieser Erde. Nur vergessen wir das sehr oft. Doch Ihnen passiert das nun nicht mehr, denn Sie haben den Schlüssel für eine begeisternde Denkweise in der Hand.

Kurz noch ein Sprung zurück: So mancher Jugendliche der No-Future-Generation hat bereits sein inneres Begeisterungspotenzial entfaltet. Denken Sie an Joschka Fischer, der in seiner Jugend mehr oder weniger dieser Gruppierung angehörte und u.a. durch Teilnahme an Straßenschlachten auf sich aufmerksam machte. Diese, etwas in negative Bahnen gelenkte Begeisterung wandelte Joschka Fischer im Laufe der Jahre um und siehe da, er brachte es bis zum Außenminister und ist heute ein auch im Ausland angesehener Politiker, der Verantwortung für unser (und sein) Land und unsere (und seine) Zukunft übernommen hat.

Um politische Neutralität zu wahren, möchte ich Sie darauf hinweisen, dass sich solche Beispiele natürlich in allen Parteien und auch in anderen gesellschaftlichen Gruppierungen finden. Manche Spitzenpolitiker rühmen sich mittlerweile sogar mit ihren „Jugendsünden".

2.3 Wie werde ich zu einem Begeisterungsdenker?

Jetzt geht es noch darum, das vorhandene und neu entwickelte Potenzial so zu steuern, dass es Ihnen wirklichen Nutzen bringt. Damit Sie den größtmöglichen Nutzen aus Ihrem Begeisterungspotenzial ziehen können, sollten Sie jetzt vor allem eines werden:

Ein Begeisterungsdenker!

Wenn Sie erst einmal ein Begeisterungsdenker sind, dann kann auf Ihrem Weg zu einem aktiven Leben fast nichts mehr schief gehen. Denn alles, was wir Menschen tun, vollbringen und leisten, wird vor allen Dingen durch unser Denken bestimmt.

Jeder Handlung geht ein Denkprozess voraus.

Ohne diesen Denkprozess würde nur sehr wenig auf dieser Welt bewegt werden. Ausnahmen von dieser Regel sind die uns angeborenen Reflexe. Wenn Menschen zum Beispiel in eine Gefahrensituation kommen, überlegen wir meist nicht sehr lange, sondern handeln instinktiv. Ansonsten arbeitet vor jeder Entscheidung oder Handlung unser Gehirn und wir überlegen, was wir machen, wie wir uns verhalten können.

Diese Gedanken werden wiederum von unseren Erfahrungen, Erlebnissen oder auch Gefühlen bestimmt. Viele Menschen glauben, dass Sie ihre Entscheidungen rein aus dem Verstand heraus treffen. Doch in Wirklichkeit werden wir alle mehr oder weniger von unserem Unterbewusstsein gesteuert.

Eine Branche, die sich genau dieses Wissen jeden Tag zu Nutze macht, ist die Werbebranche. Wenn Sie sich die unterschiedlichen

Werbespots ansehen, werden Sie schnell feststellen, wie hier gezielt auf unser Unterbewusstsein Einfluss genommen wird.

Sie haben mit Sicherheit schon folgenden Werbespot gesehen: Eine glückliche Familie sitzt in ihrer Traumvilla. Die Kinder spielen in einem parkähnlichen Garten. Die Sonne scheint, so wie es in Deutschland nur selten der Fall ist. Alle machen einen überaus glücklichen Eindruck. Erst am Ende dieser Szenen taucht der Name einer Bausparkasse auf, bei der Sie einen Vertrag abschließen sollen, damit Sie genau so glücklich werden wie die Protagonisten. Das zumindest suggeriert diese Werbung.

Die Werbebranche nutzt auch in diesem Fall die Tatsache, dass Ihr Unterbewusstsein den Großteil Ihrer Entscheidungen beeinflusst. Und das ist bei jeder Wahl, die Sie in Ihrem Leben machen so. Ausgerüstet mit dieser Information, brauchen Sie jetzt nur noch eines, um sich zu einem Begeisterungsdenker zu entwickeln:

Das permanente Training Ihres Unterbewusstseins!

Damit betreten Sie keineswegs Neuland, sondern dieses spezielle Training ist Ihnen bestens vertraut.

Als Sie zum Beispiel das Laufen erlernten, haben Sie wahrscheinlich den gleichen Lernprozess absolviert wie alle anderen Menschen auch: Sie haben sich auf Ihre Beinchen gestellt und sind nach dem ersten Schritt auf die Nase gefallen. Doch Sie haben nicht aufgegeben, sondern weitere Versuche unternommen, und zwar so lange, bis es mit dem Laufen geklappt hat. Mittlerweile laufen Sie wahrscheinlich wie ein junger Gott. Denken Sie aber bei jedem Schritt nach? Ich glaube nicht. Das Laufen ist für Sie ein unbewusster Prozess geworden.

Das Gleiche passierte dann mit dem Sprechen. Aus dem anfänglichen Gestammel von Worten ist mit der Zeit das Artikulieren ganzer Sätze geworden. Und siehe da, heute sprechen Sie fließend, ohne dass Sie groß darüber nachdenken müssen. Auch Ihre Art zu sprechen ist inzwischen ein fester, unbewusster Bestandteil Ihrer Persönlichkeit.

Genau auf diese Art und Weise haben Sie sich mit der Zeit eine Unmenge an Fähigkeiten angeeignet. Vieles davon ist uns gar nicht mehr präsent. So fahren Sie heute wahrscheinlich Auto und wissen ganz selbstverständlich, wann Sie welchen Gang einlegen müssen. Denn selbst der Vorgang des Autofahrens ist in Ihr Unterbewusstsein übergegangen.

Wie das Auto fahren, Laufen und Sprechen sind all Ihre Verhaltensweisen irgendwann zu einem festen Bestandteil Ihres Unterbewusstseins geworden. Die meisten dieser unbewussten Verhaltensweisen und Fähigkeiten sind Ihnen im Alltag sehr hilfreich. Denn es wäre sehr anstrengend, den ganzen Tag über die Vielzahl an anfallenden Tätigkeiten nachzudenken. Wäre dies der Fall, hätten wir sehr wenig Zeit, andere Dinge in Angriff zu nehmen.

Welche Verhaltensweisen Sie sich bezüglich Ihrer Begeisterung im Laufe der Zeit antrainiert haben – dies ist nun die entscheidende Frage.

Sind diese Verhaltensweisen bezüglich der Begeisterung nicht so förderlich, ist das kein Problem. Denn alles, was Sie sich im Laufe Ihres Lebens antrainiert haben, können Sie auch wieder ab- bzw. umtrainieren.

Wenn Sie zum Beispiel immer zuerst mit dem linken Fuß Ihren

Laufprozess in Gang setzen und dies aus irgendwelchen Gründen nicht mehr möchten, können Sie dies jederzeit ändern. Achten Sie beim Gehen einfach darauf, stets den rechten Fuß zuerst zu benutzen. Das wird am Anfang nicht immer gleich klappen. Doch mit der Zeit werden Sie automatisch mit dem rechten Fuß starten.

Sollte Ihre Aussprache stark von einem Dialekt geprägt sein und Sie möchten dies ändern, dann könnten Sie die hochdeutsche Sprache in jedem Gespräch trainieren. Jeder ausgebildete Schauspieler ist Beweis dafür, dass dies mit einiger Übung möglich ist.

Wenn Sie in England mit Ihrem Auto den Urlaub verbringen, werden Sie Ihre gewohnte Fahrweise, immer rechts zu fahren, umtrainieren müssen. Auch das wird anfänglich nicht ganz ohne Schwierigkeiten vonstattengehen. Nach ein paar Tagen jedoch werden Sie problemlos mit dem Linksverkehr zurechtkommen. Und das, obwohl Sie vielleicht jahrzehntelang rechts gefahren sind.

Genauso verhält es sich mit der Steuerung Ihres Begeisterungspotenzials. Nur weil Sie Ihr Begeisterungspotenzial in der Vergangenheit nicht gezielt eingesetzt haben, heißt dies nicht, dass Sie dessen Steuerung niemals erlernen werden. Sie können sogar ganz allein bestimmen, wie Sie die Steuerung Ihrer Begeisterung einsetzen wollen. Auch dafür brauchen Sie nur ein wenig Training. Es lohnt sich auf jeden Fall für Sie. Denn dieses Training wird mit Sicherheit einen genauso großen Einfluss auf Ihr Leben haben wie zum Beispiel das Laufenlernen.

Dass dem so ist, beweist mir persönlich immer wieder einer unserer Nachbarn. Er ist seit einem Unfall an den Rollstuhl gefesselt. Doch dieser Mann sitzt nicht in seinem Rollstuhl und klagt über sein Schicksal, sondern er düst in der Weltgeschichte herum, um anderen

Menschen in ähnlichen Situationen Mut zu machen. Er unterrichtet Kinder im Rollstuhlbasketball und hält Vorträge an Rehakliniken für Unfallopfer.

Vor allem aber strahlt er eine Lebensfreude aus, die mich immer wieder in Erstaunen versetzt. Trotz vieler Rückschläge, die manchen gesunden Menschen in tiefsten Trübsinn getrieben hätten, hat er eine Begeisterung entwickelt, die man schlichtweg phänomenal nennen könnte. Und als ich ihn nach seinem Geheimnis befragte, antwortete er mir nur: „Ich mache genau das, was du in deinen Seminaren empfiehlst, und zwar trainiere ich tagtäglich die Steuerung meiner Begeisterung!"

Wenn ein Mensch in dieser Situation das schafft,, dürfte das Training Ihrer Begeisterungssteuerung doch ein Klacks für Sie sein. Oder, was meinen Sie?

Damit Ihnen das auch wirklich gelingt, trainieren Sie einfach einen neuen Automatismus in Ihrem Denksystem. Sie haben ihn bereits kennen gelernt.

Schauen Sie sich nur die Fragen aus dem vorhergehenden Kapitel an und integrieren Sie diese in Ihren Denkprozess, und zwar so fest, dass Sie nur noch begeistert denken können. Wenn Ihnen das gelingt, dann sind Sie ein Begeisterungsdenker.

Jetzt bleibt nur noch die Frage zu klären, wie die Integration zu schaffen ist. Sie werden sehen, das klappt problemlos. Die einzige Voraussetzung, die Sie für diesen Prozess benötigen, ist:

Ihre Ausdauer!

Denn wie beim Laufenlernen bedarf dieser Prozess einer gewissen Übung. Schließlich heißt es nicht umsonst: Übung macht den Meister. Doch ich garantiere Ihnen: Von dieser Meisterschaft werden Sie persönlich profitieren, und zwar in allen Dingen, die Sie noch in diesem Leben vorhaben.

Das Prinzip des Begeisterungsdenkens ist ebenfalls völlig simpel. Stellen Sie sich bei allen Tätigkeiten, Entscheidungen oder in allen Situationen nur diese Frage:

Was begeistert mich an ....?

Diese Frage lassen Sie ebenfalls zu einem Automatismus werden. Er wird mit der Zeit wie ein Autopilot in Ihrem Leben wirken.

Egal, vor welcher Aufgabe Sie stehen, Sie werden begeistert über die jeweilige Herausforderung denken. Unabhängig davon, welches Problem zu lösen ist – Sie werden eine oder sogar mehrere Lösungen finden. Welche Entscheidung in Ihrem Leben auch ansteht, als zukünftiger Begeisterungsdenker oder als zukünftige Begeisterungsdenkerin, werden Sie positiv an Neues herangehen und immer den richtigen Weg finden. Und die von Ihnen getroffenen Entscheidungen werden begeisternde Auswirkungen auf Ihr gesamtes Leben haben. Ob Sie beruflicher oder privater Art sind, es wird immer die Entscheidung eines Begeisterungsdenkers sein; dieser kommt zu völlig anderen Schlussfolgerungen als ein „Normaldenker". Denn ein Begeisterungsdenker überlegt und handelt in anderen Dimensionen.

Wenn er eine Aufgabe zu lösen hat, ist sein erster Gedanke: „Was begeistert mich an dieser Aufgabe?" Der „Normaldenker" denkt vielleicht: „Oh, Gott ein Problem! Was kann alles passieren?" oder „Oh je, eine Aufgabe! Was hängt da alles mit dran?"

Bei beiden fängt das Gehirn jetzt an, im Denkprozess die geforderten Antworten zu liefern. Auf die Frage: „Was begeistert mich an dieser Aufgabe?", wird das Gehirn erarbeiten, welche Faktoren an dieser Aufgabe begeisternd sein könnten. Und glauben Sie mir, das aktive Gehirn eines Menschen findet fast immer die geforderten Antworten.

Sie fragen, wie dieses Prinzip funktioniert? Statt einer Antwort lade ich Sie zu einem kleinen Spielchen ein. Haben Sie Lust? Beantworten Sie für dieses Spiel einmal die nun folgenden Fragen:

Welche Farben lehnen Sie ab?

Welche Eigenschaften bei anderen Menschen können Sie nicht leiden?

Welche Farben lieben Sie?

Welche Eigenschaften bei anderen Menschen schätzen Sie?

Was ist Ihnen besonders wertvoll in Ihrem Leben?

Und, konnten Sie alle Fragen beantworten? Sicherlich, denn es waren keine allzu schweren Fragen.

Die Wahrscheinlichkeit ist sehr groß, dass zum Beispiel auf die Frage nach Ihren Lieblingsfarben Ihr Gehirn, in seinen weit verzweigten Strukturen, eine entsprechende Antwort gefunden hat. Und das wird wohl bei allen anderen Fragen ebenso gewesen sein.

Denn Ihr Gehirn ist ein ausgesprochen folgsamer Partner, der alles ausführt, was Sie ihm auftragen. Und genau nach diesem Prinzip funktioniert unser gesamtes Denksystem. Sie stellen Ihrem Gehirn eine Frage, und es sucht die Antwort. Wenn diese Antwort irgendwo gespeichert ist, sei es bewusst oder unbewusst, wird diese entsprechend geliefert.

Also, Ihre Lieblingsfarbe ist gespeichert und fragen Sie danach, bekommen Sie selbige geliefert. Ist zum Beispiel eine gute Erfahrung mit einer bestimmten Automarke in Ihrem Gehirn verankert und Sie fragen dann: „Welches Auto möchte ich mir gern kaufen?", wird Ihnen mit größter Wahrscheinlichkeit genau diese Automarke in den Sinn kommen. Haben Sie zu einem bestimmten Problem eine Lösung abgespeichert und fragen danach, dann liefert Ihr Gehirn diese umgehend.

Fragen Sie allerdings in solch einer Situation: „Was kann alles passieren?", und sind irgendwelche Schreckensmeldungen, die zu diesem Problem passen, gespeichert, dann liefert Ihr Gehirn genau diese Schreckensmeldungen. Die Folge davon ist sehr häufig, dass Menschen einem Problem wie gelähmt gegenüberstehen und gar nicht mehr dazu in der Lage sind, zu handeln.

Das Gehirn ist in diesem Fall völlig unschuldig. Denn es hat nur das geliefert, was angefordert wurde. Der Mensch selbst ist übrigens auch unschuldig, denn er hat nur das praktiziert, was er über Jahre trainiert hat. Er hat die falsche Frage gestellt.

Ein Mensch, der sich zu einem Begeisterungsdenker trainiert hat, würde diese Frage niemals stellen. Ein Begeisterungsdenker ist ein lösungsorientierter Mensch. Er denkt in solchen Fällen stets lösungs- und nicht problemorientiert.

Die Fragen eines Begeisterungsdenkers haben nur *ein* Ziel:

Die Erhöhung des Begeisterungspotenzials!

Die Auswirkungen sind:

Ein begeistertes Leben!
Eine Unmenge an Spaß und Freude im und am Leben!
Ein respektvoller Umgang mit allen Mitmenschen!
Ein motivierendes Selbstbewusstsein!
Eine faszinierende Ausstrahlung!

Wenn Sie die gleichen Auswirkungen erleben möchten, dann beginnen Sie jetzt mit Ihrem Training zum Begeisterungsdenker. Auf der nächsten Seite finden Sie Ihr persönliches Trainingsprogramm.

Nehmen Sie sich ab heute Folgendes vor:

In den nächsten zehn Tagen werde ich mir, egal welche Situation ich erlebe oder mit wem ich zusammentreffe, zuerst folgende Fragen stellen:

– Was begeistert mich an dieser Situation?

– Was begeistert mich an diesem Menschen?

– Welche Lösungsmöglichkeiten könnte es geben?

– Wie könnte ich mich für dieses oder jenes Thema interessieren?

Damit Ihnen diese Funktionsweise noch klarer wird, lade ich Sie zu einer kleinen Übung ein.

Denken Sie jetzt einmal an irgendeine Situation, die für Sie nicht ganz so leicht zu meistern war. Nehmen Sie nicht gleich eines Ihrer schwierigsten Erlebnisse, sondern fangen Sie mit einer mittelschweren Situation an. Also zum Beispiel das Nichterreichen des Klassenziels, falls Sie schon einmal in dieser Lage waren. Jetzt notieren Sie sich Ihre Situation in Stichpunkten.

Ihre gewählte Situation:

Nun fragen Sie sich:

Was habe ich aus dieser Situation gelernt?

Welchen persönlichen Nutzen habe ich aus dieser Situation gezogen?

Das war Ihre erste Trainingsstufe zum Begeisterungsdenker. Die sollten Sie auf keinen Fall überspringen.

Die zweite Trainingsstufe folgt nun mit der Beantwortung weiterer Fragen:

Welchen Menschen finde ich nicht so sympathisch?
(Sie können ruhig ehrlich sein, es sieht ja niemand.)
Vorname: Name:

Was finde ich an diesem Menschen trotzdem einigermaßen gut/ bewundernswert/vorbildlich?
(Drei Eigenschaften bzw. Fähigkeiten wären schon prima.)
1.
2.
3.

Was kann oder konnte ich durch diesen Menschen lernen?
(Auch hier wären drei Lerneffekte großartig.)
1.

2.

3.

Wie hat es geklappt mit der Beantwortung? Für mich waren diese Fragen anfangs nicht so leicht zu beantworten. Doch auch ich handle nach dem Motto: Übung macht den Meister.

Und diese Übung hat eine großartige Auswirkung auf das Denksystem eines Menschen. Saugt man diese Art zu denken wirklich in sich auf, geschehen fast Zeichen und Wunder im Alltag. Plötzlich wird jede Situation und Begegnung zu einem begeisternden Lernprozess.

Einer unserer Kunden mit einem großen Einzelhandelsunternehmen hat diese Übung zu einem Teil seiner Unternehmensphilosophie werden lassen. In diesem Unternehmen ist jeder Kunde, der irgendein Problem hat, ein so genannter Trainer. Für die Mitarbeiter gibt es demzufolge keine schwierigen oder problematischen Kunden, sondern nur Trainer. Letztere sorgen dafür, dass die Mitarbeiter der Firma tagtäglich besser werden und immer wieder neue Lernprozesse durchlaufen.

Ich finde, dies ist nicht nur für eine Firma eine tolle Idee, sondern letztendlich für jeden Menschen eine begeisternde Sichtweise. Doch Sie sollten mir das nicht einfach so glauben, sondern sich am besten selbst überzeugen.

Wie das funktioniert, wissen Sie ja nun schon. Nehmen Sie die beiden vorherigen Check-Listen und gehen Sie sie mit anderen

Situationen und Menschen aus Ihrem Leben durch. Je öfter Sie das tun, desto schneller erzielen Sie begeisternde Ergebnisse. Schieben Sie es nicht auf die lange Bank, sondern machen sich gleich ans Werk. Bestimmt kennen Sie die berühmte 72-Stunden-Regel, die besagt:

Alles, was du nicht innerhalb 72 Stunden wenigstens begonnen hast, wirst du mit aller Wahrscheinlichkeit niemals mehr erledigen.

Lassen Sie es also nicht so weit kommen und starten Sie am besten sofort. Denn *meine* Regel lautet:

Alles, was du sofort erledigst,
befreit deinen Kopf!

Und einen freien Kopf können Sie als Begeisterungsdenker hervorragend gebrauchen.

Wenn Sie jetzt noch Ihre Ergebnisse anderen Menschen mitteilen, dann schaffen Sie eine weitere Grundlage für Ihre ansteckende Begeisterung. Selbstverständlich können Sie auch allen Menschen, die Ihnen am Herzen liegen, einmal sagen, welche Eigenschaften oder Fähigkeiten Sie an diesen Menschen besonders schätzen. Sie fragen, weshalb Sie diese Vorgehensweise praktizieren sollten? Aus einem ganz einfachen Grund:

Ein Begeisterungsdenker teilt seine Begeisterung
anderen Menschen mit!

Denn erst, wenn Sie Ihre Begeisterung über eine Situation oder einen Menschen mitteilen, steckt sie auch an. Und das ist die nächste Übung, die Sie für die Entwicklung Ihrer Begeisterung trainieren *dürfen*.

Folgende Frage hilft Ihnen dabei:

Wann teile ich wem meine Begeisterung mit?

Wem?	Was?	Wann?

Sind Ihnen ein paar Menschen eingefallen, denen Sie sich mitteilen können? Natürlich erfordert die Beantwortung dieser Frage ein wenig Übung. Denn vielen Menschen fällt es oftmals schwer, Mitmenschen Begeisterndes zu erzählen. Sie haben jetzt jedoch die einmalige Chance, sich vom Durchschnittsdenker zum Begeisterungsdenker zu entwickeln. Nutzen Sie diese Chance! Ihr Umfeld dankt es Ihnen mit Sicherheit. Auch wenn es nur ein Strahlen auf dem Gesicht Ihres Gegenübers ist. Denn letztendlich ist jeder Mensch für ein ehrliches Kompliment dankbar bzw. freut sich über Aussagen, die begeistern.

Eine tolle Übung, um diese motivierende Handlung zu festigen, ist:

Teilen Sie mindestens einmal pro Tag, einem anderen Menschen etwas Begeisterndes mit!

Eine berühmte Begeisterungsdenkerin war sicherlich Mutter Theresa. Diese Frau hat es geschafft, selbst in den Elendsvierteln von Kalkutta bzw. Neu-Delhi schon früher Prinzipien aus diesem Kapitel umzusetzen. Und wenn es dieser Frau unter solch beschwerlichen Umständen gelungen ist, eine Begeisterungsdenkerin zu sein und zu bleiben und solche Energie zu entwickeln, dann dürfte es doch für Sie und mich ein Klacks sein, als Begeisterungsdenker durch das Leben zu gehen. Oder, was meinen Sie?

3. Die Eigenverantwortung – Ihr Begeisterungselixier

Nachdem Sie das Basis-Serum, die innere Begeisterung, entdeckt und entwickelt haben und auf dem Weg zu einem Begeisterungsdenker sind, wenden wir uns jetzt einem weiteren Meilenstein, der ansteckenden Begeisterung, zu.

Dieser Meilenstein ist Ihre Eigenverantwortung. Sie ist wahrhaft ein Begeisterungselixier, denn Sie werden nirgendwo einen begeisterten Menschen treffen, der sich nicht immer wieder eine Dosis davon gönnt. Zumal ohne dieses Elixier dauerhafte Begeisterung schlicht unmöglich wäre. Wahre Begeisterung ist letztendlich das konsequente Ausüben von Eigenverantwortung.

Was bedeutet dies nun im Alltag? Die Antwort ist:

Übernehme für alles in deinem Leben die Verantwortung!

Das klingt zwar einfach und ist es letztendlich auch, allerdings ist das Befolgen dieser Aussage für sehr viele Menschen etwas ungewohnt. Eigenverantwortung wird sehr gern übernommen, wenn die Dinge gut laufen. Dann ist es auch ein Leichtes, die Eigenverantwortung zu übernehmen, wenn alles im Leben funktioniert.

Doch wie sieht es aus, wenn sich die Dinge mal nicht so entwickeln, wie man es sich vorgestellt hat. Wie reagieren Menschen, wenn etwas schief läuft im Leben? Da sieht es meistens nicht ganz so rosig aus mit der Übernahme der Verantwortung. Schnell wird der Schuldige oder andere, die dafür verantwortlich seien, gesucht.
Diese Verhaltensweise finden Sie auf der ganzen Welt. Ist

zum Beispiel die finanzielle Situation bei einem Menschen nicht die Allerbeste, dann werden der zu geringe Verdienst, die hohen Steuern oder auch die geschäftstüchtigen Banken für diese Situation verantwortlich gemacht.

Hat ein Unternehmen Absatzprobleme, schiebt man das allzu gern auf die schleppende Konjunktur, die wählerischen Kunden oder sogar auf die „böse" Konkurrenz.

Ein wunderbares Beispiel hingegen für praktische Eigenverantwortung ist die Entwicklung des Sportwagenherstellers Porsche. Dieses Unternehmen schrieb vor vielen Jahren tiefrote Minuszahlen. Anstatt diesen Umstand auf den Weltmarkt oder die rückläufige Konjunktur zu schieben, hat die Unternehmensleitung erkannt, dass die Führungskultur geändert werden müsste. Erkannt, gehandelt!

Die hierarchischen Führungsstrukturen wurden abgeschafft, und fortan war es allen Mitarbeitern möglich, am Unternehmenserfolg mitzuwirken. Die Vorschläge der Mitarbeiter wurden nicht nur angehört, sondern sogar prämiert. Das Ergebnis waren nicht nur 40 Verbesserungsvorschläge pro Mitarbeiter, sondern vor allen Dingen die Rückkehr an die Spitze aller Sportwagenhersteller, weltweit.

Gehen wir aber einmal von der Wirtschaft in die Politik: Kommt ein Staat nicht mit seinem Geld aus oder gibt es soziale Probleme in einem Land, werden Sie kaum jemanden finden, der die Verantwortung hierfür übernimmt. Kein Politiker steht dann dafür gerade, keine gesellschaftliche Gruppierung hebt den Finger und sagt: „Wir sind an dieser Misere schuld!" Auch keiner der Bürger ist bereit, die Verantwortung für die verfahrene Situation zu übernehmen.

Genau an dieser Verhaltensweise scheitern die meisten

Versuche, anstehende Probleme zu lösen. Denn statt die Energie dafür aufzuwenden, werden Schuldige gesucht und die Verantwortung vom einen zum anderen geschoben. Doch dieser Andere weist die Verantwortung ebenfalls weit von sich. So sind Menschen oftmals mit dem Hin- und Herschieben der Verantwortung beschäftigt, anstatt sich mit der Lösung des jeweiligen Problems auseinanderzusetzen. Wenn zum Beispiel die absolute Priorität darauf liegen sollte, die jeweils wichtigen Reformen anzugehen, verlegen sich Politiker oftmals lieber darauf, Reformvorhaben zu verhindern und sich gegenseitig mit Schuldzuweisungen und Beleidigungen in wenig respektvoller Weise in aller Öffentlichkeit zu bedenken.

Diese Verhaltensweise verhindert nicht nur die Lösung vieler Probleme, sondern vor allen Dingen auch die Möglichkeit, ein begeistertes Leben zu führen. Denn wer sich in seinem Leben damit beschäftigt, immer wieder Schuldige zu suchen, der gibt etwas ganz Entscheidendes ab:

Die Macht über sich selbst!

Wer keine Macht über sich selbst besitzt, der kann beim besten Willen kein aktives Leben führen. Wer sich in entscheidenden Momenten machtlos fühlt, der ist von seinem Begeisterungspotenzial weit entfernt.

Sie fragen, wieso man mit dieser Verhaltensweise seine Macht abgibt? An folgendem Beispiel will ich Ihnen dies erläutern:

Nehmen wir einmal an, ein Mensch hat eine gescheiterte Beziehung hinter sich. Dieser Mensch denkt: „Schuld oder die Verantwortung für das Scheitern der Beziehung hatte der Andere." Wer kann diese Beziehung dann noch retten? Natürlich nur der Andere. Denn er hat ja anscheinend die „falschen" Verhaltensweisen an den Tag gelegt. Also müsste der Partner seine Verhaltensweisen ändern, damit die Beziehung noch eine Chance hat. Genau mit diesem Gedanken stellt sich das Gefühl der Passivität ein, denn die Macht der Veränderung hat logischerweise bei einer solchen Denkweise der Partner.

Genauso ist es in einem Unternehmen. Wenn man im Unternehmen bei Absatzproblemen denkt: „Schuld an unserer Misere ist die Konjunktur!", dann kann dieses Unternehmen nur bei einer besseren Konjunkturlage wieder seine Absatzzahlen steigern. Die Macht hat in diesem Fall die Konjunktur. Wie auch immer es ist, das Unternehmen ist bei einer solchen Denkweise auf jeden Fall machtlos.

In all diesen Fällen sind die Beteiligten nicht nur machtlos, sondern vor allen Dingen begeisterungslos. Damit Ihnen das in Zukunft gar nicht erst passiert, gönnen Sie sich einfach die Lösung in den nächsten Kapiteln.

3.1 Wie lebe ich eigenverantwortlich und begeistert?

Um die wichtigste Frage des Kapitels zu beantworten, brauchen Sie sich nur einen Satz zu merken:

Behalten Sie die Macht über sich und Ihr Leben in Ihren Händen!

Suchen Sie nie mehr einen oder sogar mehrere Schuldige in Ihrem Leben. Schieben Sie nie wieder Verantwortung auf andere Menschen oder Institutionen ab. Halten Sie die Verantwortung für Ihr Leben auf jeden Fall in *Ihren* Händen.

Lassen Sie es auch nicht mehr zu, dass andere Ihnen die Verantwortung abnehmen. Das ist zwar in vielen Fällen gut gemeint, doch es macht Sie zu einem passiven Menschen.

Wenn in einer Beziehung der eine Partner die gesamte Finanzplanung in seinen Händen hält, dann ist das für den anderen erst einmal eine angenehme Situation. Im gleichen Augenblick aber wird er oder sie in diesem Punkt zu einem machtlosen Menschen.

Wenn ein Arbeitnehmer sich überhaupt nicht um das Wohl seiner Firma kümmert, weil dafür der Unternehmer zuständig ist, dann ist auch das erst einmal eine vermeintliche Erleichterung. Geht dieses Unternehmen jedoch pleite, ist diese Situation für den Arbeitnehmer nicht mehr so angenehm. Auch wenn er die Verantwortung für diese Misere an den Unternehmer abschieben kann, nützt das dem arbeitslosen Arbeitnehmer nichts mehr, denn jetzt ist er wirklich machtlos.

Wenn ein Staat sich um die Krankenversorgung seiner Bürger kümmert und diese keine eigene Vorsorge betreiben müssen, dann ist das für viele Menschen sehr angenehm. Wenn aber das staatliche Versorgungssystem zusammenbricht, sind alle Bürger, die sich nicht persönlich um die Absicherung ihrer Gesundheit gekümmert haben, völlig hilflos.

In all diesen Fällen, wird von Begeisterung kaum noch die Rede sein. Solange die Dinge gut laufen, brauchen Sie sich nicht um die Verantwortung zu kümmern. Doch da das Leben nicht immer perfekt abläuft, auch wenn Sie der oder die größte BegeisterungsdenkerIn sind, sollten Sie lieber rechtzeitig Eigenverantwortung praktizieren. Ich verspreche Ihnen, dass Sie in diesem Fall einer der mächtigsten und begeistertsten Menschen dieser Erde sein werden.

Allerdings gehören Sie dann auch zu einer Minderheit auf dieser Welt. Vielleicht sollten wir für diese Minderheit sogar *Artenschutz* beantragen.

Artenschutz für begeisterte und eigenverantwortlich handelnde Menschen.

Haben Sie sich schon einmal gewundert, warum fast alles, was Franz Beckenbauer anpackt, zum Erfolg wird? Die Antwort kennen Sie schon: Er übernahm und übernimmt Verantwortung. Bereits als Fußballer war er in der Lage, ein ganzes Spiel herumzureißen und seiner Mannschaft dadurch neue Gewinnerimpulse zu geben. Als Teamcoach der deutschen Fußballnationalmannschaft hat er bei einer Niederlage nie den übermächtigen Gegner zur Verantwortung gezogen, sondern der Mannschaft immer wieder deutlich vor Augen geführt, *wer* letztendlich ein Spiel gewinnt oder auch verliert. Als Deutschland sich für die Ausrichtung der Weltmeisterschaft 2006 beworben hat, gab es kaum jemanden, der an die Realisierung dieses Wunsches glaubte. Doch Franz Beckenbauer glaubte nicht nur daran, sondern handelte auch eigenverantwortlich und zog alle Register, die ihm zur Verfügung standen. Und siehe da, Deutschland wurde knapp, aber immerhin vom Weltfußballverband als Austragungsort auserwählt.

Und jetzt kommt die gute Nachricht: Sie haben in Ihrem Leben bereits oftmals die volle Verantwortung übernommen, und zwar immer dann, wenn Sie erfolgreich waren. Unabhängig, ob das beruflicher, privater oder auch persönlicher Erfolg war. Nur häufig vergessen wir Menschen solche Momente. Damit Sie auch in Zukunft weitere Erfolge dieser Art begeistert feiern können, machen Sie sich jetzt schon einmal bewusst, was Sie bereits alles eigenverantwortlich in Ihrem Leben gemeistert haben.

Dabei helfen Ihnen folgende Fragen:

In welchen Situationen meines Lebens habe ich eigenverantwortlich gehandelt?
(Finden Sie mindestens drei Situationen.)
1.
2.
3.

Welche Erfolge bzw. Ergebnisse habe ich in diesen Situationen erzielt?
Zu 1.
Zu 2.
Zu 3.

Sicherlich haben Sie mehr als drei Situationen in Ihrem Leben gefunden. Nehmen Sie einfach ein Blatt Papier und notieren sich weitere Erfolgserlebnisse. Gönnen Sie sich ruhig diese Zeit. Auf jeden

Fall sollten Sie jedoch drei Erlebnisse oder Situationen aufschreiben, bevor Sie weiter lesen.

Und, wie haben Sie sich in dieser Rolle gefühlt? Machtlos oder voll Power, begeistert oder frustriert? Sicherlich eher begeistert und voll Power.

Damit Sie sich auch in Zukunft begeistert fühlen, überlegen Sie sich nun, in welchen Lebensbereichen Sie eventuell noch eigenverantwortlicher denken und handeln können. Das kann zum Beispiel die Verantwortung für die persönliche berufliche Entwicklung sein, aber auch die Verantwortung für den eigenen Körper, für Ihre persönliche geistige Weiterentwicklung oder für Ihre Partnerschaft. Sie können sich ganz verschiedene Bereiche vornehmen. Der Eigenverantwortung in Ihrem Leben sind keine Grenzen gesetzt.

Denken Sie in aller Ruhe ein wenig über sich nach, und nutzen Sie die folgenden Fragen für Ihre Planung!

In welchen Lebenssituationen bzw. Lebensbereichen könnte ich mehr Eigenverantwortung übernehmen?
(Hier finden Sie am besten fünf Punkte.)

1.

2.

3.

4.

5.

Wie könnte ich in diesen Bereichen mehr Eigenverantwortung übernehmen?

Zu 1.

Zu 2.

Zu 3.

Zu 4.

Zu 5.

Nun sind Sie schon wieder einen entscheidenden Schritt weiter auf Ihrem Weg zu einem begeisterten Leben.

Gratulation!

Wie Sie Ihr Vorhaben, noch mehr Eigenverantwortung zu übernehmen, in die Tat umsetzen, erfahren Sie im folgenden Kapitel.

3.2 Träume und Visionen –
Der Weg zur Eigenverantwortung

Träume, Wünsche und Visionen, sind der Schlüssel zur praktizierten Eigenverantwortung. Sie sind der Antrieb eines jeden begeisterten Menschen. Entwicklung und Fortschritt auf dieser Welt sind letztlich auf Träume, Wünsche und Visionen begeisterter Menschen zurückzuführen.

Bevor Edison das elektrische Licht erfand, hatte er eine Vision. Ehe die erste Mondlandung stattfinden konnte, gab es Menschen, zum Beispiel John F. Kennedy, die davon träumten. Mutter Theresa hatte eine Vision, bevor Sie den Ärmsten in Kalkutta und der ganzen Welt half. „I had a dream!", ist ein bekannter Ausspruch von Martin Luther King, der unglaublich viel für die Gleichberechtigung der schwarzen Bevölkerung in den Vereinigten Staaten erreicht hat. Die SOS-Kinderdörfer entstanden aus der Vision von Hermann Gmeiner, Waisenkindern ein glücklicheres Zuhause zu bieten. Zu welch einem beuwndernswerten Projekt sich dieser Traum mittlerweile entwickelt hat, das wissen Sie wahrscheinlich selbst. Auf der ganzen Welt existieren SOS-Kinderdörfer und sind nicht nur ein Zufluchtsort, sondern eine Heimat mit Herz für Tausende von Kindern. Hermann Gmeiner hat sich durch nichts von seinem Traum abbringen lassen, und es ist ihm gelungen, eine beträchtliche Menge an Spendengeldern zu aktivieren. Genauso können Sie Ihre Träume verwirklichen, wenn Sie es wünschen.

All diese Menschen verbinden drei Gemeinsamkeiten. Die erste Gemeinsamkeit ist: Sie hatten einen Traum oder auch eine Vision. Die zweite: Sie handelten eigenverantwortlich, warteten nicht auf irgendjemanden oder auf irgendeine Situation. Drittens: Sie ließen sich nicht von irgendwelchen Bedenkenträgern abhalten, Ihren Traum zu verwirklichen.

Genau das zeichnet eigenverantwortlich handelnde Menschen aus. Was Sie auch immer in Ihrem Leben bewegen wollen, Sie finden stets Menschen, die tausend Argumente gegen Ihr Vorhaben vorbringen können. Ob Sie sich entscheiden, ein glückliches Leben zu führen oder ein Unternehmen aufbauen wollen, vielleicht auch nur eine begeisterte Unternehmenskultur etablieren wollen – es gibt immer jemanden, der Ihnen weismachen möchte, dass Ihr Vorhaben ein Hirngespinst ist. Und genau an diesem Punkt unterscheidet sich ein eigenverantwortlich handelnder Mensch vom Durchschnittsmenschen. Er hört sich die jeweiligen Argumente zwar an und berücksichtigt auch das ein oder andere Argument bei seiner Planung, frei nach dem Motto: „Man lernt nie aus!" Doch letztendlich hält er nicht nur an seinen Träumen oder Visionen fest, sondern verwirklicht sie auch begeistert. Denn ein eigenverantwortlich handelnder Mensch weiß eines ganz genau:

Das Verwirklichen von Träumen, ist eine wichtige Grundlage der Begeisterung!

Welche Träume oder Visionen haben Sie? Bei den meisten meiner Seminarteilnehmer verursacht diese Frage oft Erstaunen. Es wird gegrübelt und gegrübelt, dann geschwiegen. Für viele Menschen ist diese Frage erst einmal nicht zu beantworten, denn mit der Zeit wurden Träume und Visionen unter den Lebensjahren begraben.

Fragen Sie dagegen Kinder nach Ihren Träumen, werden Sie mit Antworten überhäuft. Angefangen vom Traumberuf Lokführer bis hin zu dem Wunsch einmal reich und glücklich zu werden, finden Sie bei Kindern eine Bandbreite der unterschiedlichsten Wünsche. Doch auch bei ihnen greift nach und nach die Erziehung der Erwachsenen, die sich von ihren eigenen Träume schon längst verabschiedet haben. Aussagen wie: „Das kannst du dir abschminken. Ja, in deinem Alter war ich auch noch voller Ideen. Dieses oder jenes Vorhaben ist unmöglich. Das Leben wird auch dir noch deine Grenzen aufzeigen", ermuntern die Kinder nicht gerade, sich weiter mit Ihren Träumen zu beschäftigen. So wird der Durchschnitt geprägt. Von Begeisterung keine Spur. Man hat sie zu Durchschnittsmenschen degradiert.

Sie hatten ein anderes Umfeld!? Dann gratuliere ich Ihnen und Ihrem Umfeld. Sind Sie in einer Umgebung aufgewachsen, in der man Ihnen Folgendes mit auf den Lebensweg gab: „Lebe deine Träume! Alles, was du dir vorstellen kannst, ist möglich. Du wirst deine Visionen mit deinem Begeisterungspotenzial auch verwirklichen können. Dir stehen Tür und Tor für ein begeistertes Leben offen."?

Bei den meisten Menschen klang das leider nicht so. Doch dieser Umstand braucht Sie nicht trübsinnig werden zu lassen, denn hier kommt die Lösung:

Sie sind nie zu alt, um Ihre Träume und Visionen verwirklichen zu können.

Vielleicht wollten Sie früher einmal studieren und haben es aus irgendwelchen Gründen nicht getan. Dann fangen Sie jetzt damit an.

Sie wollten eine Familie gründen und haben es aus berufsbedingten Gründen unterlassen. Dann beginnen Sie jetzt mit der Verwirklichung Ihres Traums.

Sie wollten eventuell als Jugendlicher immer reich werden und haben jetzt nur Schulden? Kein Problem! Denn Sie können genau jetzt damit beginnen, diesen Umstand zu ändern.

Sie hatten irgendeine grandiose Idee, die Sie zum Patent anmelden oder mit der Sie die Menschheit beglücken wollten. Prima, dann wenden Sie sich dieser Idee jetzt wieder zu und verwirklichen Ihr Vorhaben.

Sie meinen, das geht nicht mehr? Oh doch, das geht. Eine große Anzahl von Menschen beweist es Ihnen täglich. Schauen Sie einmal in die Hörsäle der Universitäten. Dort sitzen 70- und 80-jährige Gasthörer, die Philosophie, Statistik oder Anglistik studieren. Gehen Sie zu Ihrem Standesamt und schauen sich die aushängenden Aufgebote an. Dort finden auch Eheschließungen von 50-, 60- und 70-Jährigen statt.

Fragen Sie Ihre Banker, nach Menschen, die irgendwann einmal hoch verschuldet waren und jetzt doch noch zu einem ansehnlichen Vermögen gekommen sind. Sie werden erstaunt sein, wie viele es davon gibt. Gehen Sie zum Patentamt und erkundigen sich dort, wie viele Menschen täglich interessante Patente anmelden.

Edison war auch keine zwanzig mehr, als er das elektrische Licht erfunden hat. Johannes Heesters war schon weit in den Siebzigern, als er ein neues Eheglück fand. Nicht jeder Millionär hatte, wie Bill Gates, mit neunzehn seine erste Million auf dem Konto. Albert Einstein entdeckte die Relativitätstheorie erst in einem fortgeschrittenen Alter und nicht schon mit 15 Jahren. Doch es müssen gar nicht immer Berühmtheiten sein. Ich bin sicher, dass in Ihrer direkten Umgebung ein Mensch ist, der Ihnen die genannte These beweisen wird.

Gern *dürfen* Sie Ihre Aufmerksamkeit sehr genau auf solche Menschen richten. Denn meistens gehen sie nicht gerade hausieren mit ihren erfüllten Träumen. Auch die Zeitschriften sind eher gefüllt mit Artikeln über geplatzte Träume und unerfüllte Wünsche. Komischerweise lautet ein Slogan in der Presselandschaft: Bad news are good news! Verkaufszahlen einschlägiger Publikationen geben dieser Aussage auch noch Recht. Wieso das so ist, möchte ich lieber Ihren eigenen Gedanken überlassen.

Wichtig ist nur, dass Sie sich Ihren Träumen und Visionen widmen, sich nicht davon abhalten lassen, Ihre Träume zu verwirklichen. Denn ohne Träume und Visionen ist ein begeistertes und eigenverantwortliches Leben undenkbar.

Jetzt gönnen Sie sich ein paar Minuten oder sogar ein bzw. zwei Stunden und träumen Sie. Überlegen Sie, welche Träume, welche Visionen in Ihnen schlummern. Das muss nicht gleich die Neuerfindung des elektrischen Lichts sein oder der Weg von Paul Getty, auch nicht die Familiengründung mit 90 Lebensjahren oder das Studium der Medizin. Aber es sollten Ihre ureigensten Träume sein. Vielleicht ist es ein fitter Körper, der ähnlich wie bei Joschka Fischer von Konfektionsgröße 28 auf Größe 48 reduziert wurde (und dann wieder zunahm). Eventuell ist es auch Ihr Jugendtraum, ein eigenes Unternehmen zu gründen. Vielleicht ist es auch nur der Wunsch einer eigenen Werkstatt, um in Ruhe Ihren Traum vom kreativen Sein zu verwirklichen. Auf jeden Fall sind Ihrer Fantasie und Ihren Träumen keine Grenzen gesetzt.

Machen Sie sich ans Werk und beantworten Sie sich die folgenden Fragen. Ich wünsche Ihnen jedenfalls viel Spaß und eine Menge Begeisterung für Ihre Traumstunde:

Welche unerfüllten Träume schlummern in mir?

Was wollte ich schon immer einmal machen oder erleben?

Welche Träume, Visionen hatte ich in meiner Kindheit bzw. Jugend?

Wozu hätte ich ganz einfach Lust?

Haben Sie sich ausreichend Zeit gegönnt, um Ihren Träumen, Wünschen oder auch Visionen einmal so richtig nachzuhängen? Ich hoffe, Sie haben. Und jetzt freuen Sie sich mit mir auf die Umsetzungsstrategien für Ihre Wünsche.

3.3 Ziele – Ihr Weg zum Glück!

Träume und Visionen sind das Antriebsmittel der Eigenverantwortung und der Begeisterung. Die Ziele sind die Erfüllungsgarantie für ein eigenverantwortliches und begeisterndes Leben. Denn was nützen die schönsten Träume und Visionen, wenn sie nicht verwirklicht werden.

Nun gibt es natürlich ganz profane Ziele, wie zum Beispiel seinen Lebensunterhalt zu verdienen oder auf einen Urlaub hinzuarbeiten. Da Sie dieses Buch lesen, gehe ich davon aus , dass Sie sich mit diesen Zielen bereits beschäftigt haben und *wir* uns mit der Verwirklichung Ihrer größeren Träume und Visionen beschäftigen können. Sollten Sie sich noch nicht mit der normalen Zielplanung befasst haben, empfehle ich Ihnen mein Buch: „Mehr Erfolg durch aktives Selbstmanagement" aus dem BBE-Verlag oder eines der anderen zahlreichen Bücher, die das Thema „Zeit- und Zielplanung" beinhalten.

Wir jedoch sprechen hier von Begeisterung. Dafür brauchen Sie begeisternde Ziele. Ziele, die Sie im wahrsten Sinne des Wortes vom Hocker reißen. Und dazu sind vor allem *Ihre* Träume und Visionen in der Lage.

Wie Ihre Träume Realität werden, sehen Sie jetzt. Das Erste, was Sie dazu benötigen, ist der Mut, sich an Außergewöhnliches zu wagen. Ja, Sie haben richtig gelesen:

Mut für das Außergewöhnliche!

Genau dieser Mut für das Außergewöhnliche ist der Zündstoff für die Erreichung Ihres Ziels. Vielen Menschen fehlt es bereits an Mut, sich ihre Träume bewusst zu machen, geschweige denn über sie zu sprechen. Doch wenn Sie ein begeisterndes Leben führen möchten, dann brauchen Sie diesen Mut. Und Sie haben ihn auch. Eventuell ist dieser Mut im Laufe der Jahre ein wenig verschüttet worden. Graben Sie ihn einfach aus, und zwar am besten jetzt.

Denn jeder Mensch hat in seinem Leben schon mutige Entscheidungen getroffen. Vielleicht war es bei Ihnen, als Sie einen Arbeitsplatzwechsel vollzogen haben, sich selbstständig machten oder sonst irgendeine mutige Entscheidung trafen.

Beantworten Sie die folgenden Fragen, und schon entdecken Sie Ihr Mutpotenzial.

Wann war ich in meinem Leben bereits mutig?

Welche Ergebnisse habe ich durch meinen Mut in diesen Situationen erzielt?

Sind Sie überzeugt von Ihrem Mut? Ohne dass ich Sie kennen würde – ich bin es auf jeden Fall. Denn irgendwann wurde jeder Mensch in seinem Leben vor mutige Entscheidungen gestellt. Sollten Sie die beiden. Fragen noch nicht beantwortet haben, dann wissen Sie schon: Nichts wie ran, nur Mut!

Die zweite Voraussetzung für die Verwirklichung Ihrer Träume ist das Verlassen Ihrer Bequemlichkeitszone. Wenn man etwas verlässt, braucht man aber ein neues Ziel, das ist in diesem Fall:

Ihre persönliche Entwicklungszone!

Nur in Ihrer persönlichen Entwicklungszone werden Sie Ihre Träume, Wünsche und Visionen verwirklichen.

Ein begeistertes Leben zu führen, ist leider oder besser gesagt, Gott sei Dank, in der Bequemlichkeitszone nicht möglich. Ihre Bequemlichkeitszone ist die Zone, in der Sie sich unter Umständen die ganze Zeit aufgehalten haben. Hier ist den Menschen alles vertraut, und Gewöhnung ist das prägende Element. Das „Gesetz der Vertrautheit" haben Sie schon in einem anderen Kapitel dieses Buches kennen gelernt.

Vertraut sein, ist etwas Wichtiges und auch Schönes, wenn man es schätzt. Doch für die Erreichung Ihrer Träume *dürfen* Sie sich schon in neue und vielleicht auch unbekannte Gefilde begeben. Weder die ersten Astronauten auf dem Mond noch Edison kannten vorher die Zielzone ihrer Reise. Jeder Mensch, der seine Träume verwirklichen möchte, *darf* sich auf das Neue und Ungewohnte einlassen.

Wie können Sie sich nun in Ihre persönliche Entwicklungszone begeben? Die Antwort ist recht simpel:

Durchforsten Sie Ihr Leben nach Bequemlichkeitsfallen!

Das kann der Fernseher sein, der Ihnen abends die Zeit stiehlt, die Sie brauchen, um Ihre Träume zu verwirklichen. Es ist zwar schön, sich von den Fernsehprogrammen berieseln zu lassen, selten jedoch bringt es Sie auf den Weg zu Ihren Träumen.

Eine Bequemlichkeitsfalle können Freunde sein, die Sie von der Erreichung Ihrer Träume abhalten. Nichts gegen Ihre Freunde, doch wenn Sie Visionen umsetzen möchten, dann sollten Sie sich mit Freunden unterhalten, die ihre eigenen Träume und Visionen bereits verwirklicht haben. Dies sind nämlich die einzigen Menschen, die Ihnen erzählen können, wie man seine Visionen verwirklicht.

Eine Bequemlichkeitsfalle kann aber auch eine Gewohnheit, wie zum Beispiel unnötiges Faulenzen sein. Ich habe nichts gegen das Faulenzen im Allgemeinen, denn ich genieße selbst ab und zu entspannende Situationen. Doch wenn dieses Faulenzen einen Großteil Ihres Lebens in Anspruch nimmt, werden Sie schwerlich Ihre großen Ziele und Träume erreichen.

Letztendlich kennen Sie Ihre Bequemlichkeitsfallen am besten selbst. Machen Sie sich also auf die Suche nach Ihren persönlichen Hindernissen, und rücken Sie ihnen mit Begeisterung und Eigenverantwortung auf den Leib.

Sollten Sie zum Beispiel den Fernseher als Bequemlichkeitsfalle entlarven und möchten sich selbstständig machen, könnten Sie folgende Maßnahme eigenverantwortlich und begeistert planen: Statt abends vor dem Fernseher zu sitzen, besuchen Sie lieber einen Abendkurs für Existenzgründer.

Sollten Sie Ihren Stammtisch als Bequemlichkeitsfalle entdeckt haben und Ihren Traum nach Reichtum verwirklichen wollen, dann ist folgende Entwicklungszone für Sie denkbar: Statt jede Woche den Stammtisch zu besuchen, gehen Sie ab nächster Woche lieber zu einem Börsenclub und lernen etwas über den Vermögensaufbau. Ist eventuell ausuferndes Faulenzen Ihr Problem, könnten Sie Ihre Entwicklungszone folgendermaßen definieren: Statt an jedem Wochenende bis um zwölf Uhr zu schlafen, besuchen Sie an einem Wochenende ein Seminar für Ihre persönliche oder berufliche Weiterentwicklung.

Folgende Fragen helfen Ihnen bei der Entdeckung Ihrer Bequemlichkeitsfallen und dem Aufbruch in Ihre persönlichen Entwicklungszonen. Am besten setzen Sie sich jeweils gleich einen Termin, damit Sie nicht zu den Menschen gehören, die irgendwann einmal doch nichts bewegen.

Welche Bequemlichkeitsfallen sind für die Erreichung meiner Träume und Visionen eher hinderlich? (eventuell 5 Beispiele)

1.

2.

3.

4.

5.

Wie und ab wann rücke ich diesen Fallen am besten zu Leibe?

Neue Verhaltensweise: Termin:

Zu 1.

Zu 2.

Zu 3.

Zu 4.

Zu 5.

Jetzt benötigen Sie nur noch einen genauen Plan, und schon sind Sie am Ziel. Dieser Plan ist sehr wichtig und sollte von Ihnen sorgfältig erstellt werden. Denn kopflos auf seine Ziele loszurennen, bringt nicht allzu viel.

In diesem Zielplan sollten Sie ein paar Kriterien berücksichtigen. Das Erste ist die genaue Definition Ihres Ziels. Hier sollten Sie Ihren Traum oder Ihre Vision konkretisieren. Ist Ihr Traum zum Beispiel, dass Sie glücklich leben wollen, dann ist das eine prima Sache. Doch jetzt dürfen Sie hergehen und klar definieren, was für Sie Glück bedeutet. Für den einen ist es das Gründen einer Familie, für andere sportlicher Erfolg und für den nächsten das Erreichen einer beruflichen Position.

Beim zweiten Kriterium überlegen Sie sich konkret, was Sie für die Erreichung Ihres Traums alles in Angriff nehmen *dürfen*. Hier stoßen Sie sehr wahrscheinlich auf ein paar Bequemlichkeitsfallen. Nehmen Sie dieses zweite Kriterium sehr ernst und fragen sich, ob Sie auch wirklich bereit sind, die dementsprechenden Schritte zu gehen. Doch lassen Sie sich bitte nicht von Allerweltsargumenten davon abhalten, Ihre Träume zu verwirklichen.

Denken Sie stets daran, ein Begeisterungsdenker denkt anders als der Durchschnitt. Es kann sich natürlich bei diesem zweiten Kriterium durchaus geschehen, dass Sie aus unterschiedlichen Gründen nicht mehr an der Verwirklichung dieses speziellen Traums interessiert sind. Auch das ist kein Problem, dann wenden Sie sich eben einem anderen Traum oder einer anderen Vision zu.

Das dritte Kriterium Ihrer Zielplanung sollte der Zeitfaktor sein. Hierbei geht es nur darum, einen realistischen Zeitplan für Ihre Traumverwirklichung aufzustellen. Da die meisten Träume und Visionen nicht von heute auf morgen zu verwirklichen sind, sollten Sie sich in Ruhe überlegen, welche Teilziele Sie bis wann erreichen können. Sollte Ihr Traum der Doktortitel in einem speziellen Fachgebiet sein und Sie haben zurzeit noch nicht einmal Ihr Abitur, benötigen Sie einen Zeitplan, der die realistische Erreichung des Abiturs, Vordiploms, des Diploms und vor allem der abgeschlossenen Doktorarbeit berücksichtigt. Dieses Vorhaben wird also zwangsläufig einige Jahre in Anspruch nehmen. Doch wie heißt es so schön:

Träume versetzen Berge!

Der Glaube an sich und die eigenen Möglichkeiten natürlich auch, könnte man ergänzen. Wenn sich dann noch Begeisterung dazugesellt, können Sie sogar ganze Gebirge versetzen.

Das vierte Kriterium lautet schießlich:

Ihr Vertrauen!

Ohne Ihr Vertrauen werden Sie keine Träume, Visionen oder auch ganz alltägliche Ziele erreichen. Fragen Sie sich deshalb jetzt:

Vertraue ich mir, meiner Planung und meiner Begeisterung?

Und wenn Ihre Antwort *Ja* ist, dann kann so gut wie nichts mehr schief gehen. Ist Ihre Antwort allerdings *Nein*, kann auch fast nichts passieren. Denn nun können Sie lernen, sich *Ihr* Vertrauen aufzubauen.

Das funktioniert folgendermaßen: Sie nehmen dieses Buch und arbeiten die Kapitel, die Sie bis jetzt gelesen haben, sorgfältig durch. Zuerst machen Sie sich noch einmal bewusst, was Begeisterung alles bewirken kann. Das sind die Kapitel 1. bis 1.3. Anschließend entdecken Sie Ihr Begeisterungspotenzial, entwickeln es und trainieren sich zum

Begeisterungsdenker. Kapitel 2. bis 2.3 zeigen Ihnen den Weg. Und nun entwickeln Sie Ihr Machtmittel Nummer eins, Ihre Eigenverantwortung mit Hilfe der Kapitel 3. bis 3.3, also bis zu diesem Absatz.

Sie sehen, die Geschichte mit dem Vertrauen läuft auf eines hinaus:

Ihr begeistertes und eigenverantwortliches Handeln!

Wie bereits am Anfang dieses Buches angekündigt wurde, ist es mit dem reinen Lesen in diesem Fall eben nicht getan. Spätestens jetzt haben Sie den Beweis für diese Aussage. Das nötige Vertrauen in Ihre eigene Person und die Erreichung Ihrer Ziel können Sie nur über das aktive Erarbeiten Ihrer Begeisterungsstrategie erlangen. Sollten Sie die Kapitel nicht durchgearbeitet haben und dennoch das nötige Selbstvertrauen besitzen, dann gratuliere ich Ihnen natürlich von ganzem Herzen.

Doch bitte lassen Sie sich nicht von Ihren Träumen und Visionen abbringen, wenn Sie das Kriterium vier Ihrer Zielplanung noch nicht erfüllen. Ein begeisterter Mensch träumt nicht nur von seinen Träumen und Visionen, sondern lebt diese auch.

Jetzt finden Sie noch einmal die vier Kriterien für Ihre Traum- bzw. Visionserfüllung als Check- Liste, die Sie auch gern kopieren dürfen, falls Sie mehrere Träume und Visionen besitzen.

Traum- bzw. Visionserfüllungs- Checkliste

1. Kriterium:
Wie definiere ich meinen Traum bzw. meine Vision konkret?

2. Kriterium:
Welche Schritte darf ich unternehmen, um mir meinen Traum zu erfüllen?

Schritt 1:

Schritt 2:

Schritt 3

3. Kriterium:
Welche Zeiträume darf ich für meine Zwischenschritte planen?

    Von: bis:

Schritt 1:

Schritt 2:

Schritt 3

Vergessen Sie nicht jeden erreichten Schritt gebührend zu feiern. Sie haben es verdient!

4. Kriterium
Vertraue ich mir und meiner Planung?

JA ☐

Sollten Sie das „JA" nicht ankreuzen können, beantworten Sie sich folgende Frage:

Wie könnte ich mir mein Selbstvertrauen erarbeiten?

Neben den Tipps aus diesem Buch gibt es noch eine Menge anderer Wege, das nötige Selbstvertrauen zu erwerben. Angefangen von Persönlichkeitsentwicklungs-Seminaren über den Weg zum Psychologen oder Psychotherapeuten bis hin zu Meditationen existieren viele Wege, sich selbst vertrauen zu lernen. Ihrer Fantasie sind da keine Grenzen gesetzt. Hauptsache Sie können diese Frage dann mit einem begeisterten *JA* beantworten. In den meisten Fällen helfen jedoch die Tipps aus diesem Buch.

Alles, was man tut, mit Freude tun und sich trotzdem immer wieder mit neuen Zielen zu motivieren, ist zum Beispiel mit Sicherheit das Erfolgsgeheimnis der Popgruppe Pur. Seit 20 Jahren begeistert diese Band Jung und Alt. Die Karriere dieser Männer begann als Schulband. Stück für Stück, im wahrsten Sinne des Wortes, stellte sich der Erfolg ein. Doch auch als diese Gruppe noch nicht so erfolgreich war, hatte sie einen unbändigen Spaß an der Musik. Als der Erfolg dann zunahm, hat sich Pur dann wiederum nicht auf den Lorbeeren ausgeruht, sondern sich mit neuen Zielen stets aufs Neue motiviert. Der letzte Höhepunkt war ein Auftritt in Gelsenkirchen in der Arena „auf Schalke" mit 70.000 Zuschauern und einer gigantischen Show. Das Schöne an diesen junggebliebenen Männern ist, dass sie ihre Bodenhaftung nicht verloren haben und trotz neuer Ziele und Erfolge die sympathischen Jungs von nebenan geblieben sind.

Damit Sie nun voller Lebensfreude Ihr begeistertes Leben genießen können, beschäftigen wir uns im nächsten Kapitel mit der Formel der unbegrenzten Lebensfreude, die die Bandmitglieder auszeichnet.

4. Die Formel der unbegrenzten Lebensfreude

Diese einfache Formel lautet:

3 x S = Lebensfreude[3] !

Das erste „S" steht für Sport,

das zweite „S" für Spiel.

Und das dritte „S" steht für Spaß.

Wenn Sie diese drei Faktoren miteinander multiplizieren, entsteht die unbegrenzte Lebensfreude als weitere Voraussetzung für ein begeistertes Leben. Denn nur, wenn Sie sich wirklich an Ihrem Leben erfreuen, bekommen Sie die innere Begeisterung, die Sie sich wünschen.

Lebensfreude pur strahlt beispielsweise Hape Kerkeling aus. Trotz aller Presseberichte, die teilweise ganz schön unter die Gürtellinie gingen, hat sich dieser Entertainer seine Lockerheit bewahrt. Genau diese Entspanntheit hat ihm sicherlich auch geholfen, aus der kurzzeitigen Versenkung, in die er abgetaucht war, wieder aufzutauchen. Gerade in weniger angenehmen Situationen ist Lockerheit und Lebensfreude auch für uns Normalbürger sehr hilfreich.

Aber das Leben besteht nun mal nicht nur aus Spaß und Spiel, sondern erfordert manchmal auch ernsthafte Entscheidungen. Das Treffen dieser Entscheidungen sollte idealerweise ebenfalls mit sehr viel Lockerheit verbunden sein. Denn je unverkrampfter Sie gerade in so genannten ernsthaften Situationen sind, desto leichter fallen Ihnen diese Entscheidungen und desto entspannter bleiben Sie auch während dieser ausschlaggebenden Phase.

Sind wir nämlich nicht gelöst, verkrampfen sich Seele und Körper. Sicher ist es nicht immer einfach, in wichtigen Situationen unseres Lebens locker zu bleiben. Wenn wir diese Lockerheit nicht bereits vorher trainiert haben, fällt es uns umso schwerer in einer solchen Situation entspannt zu reagieren. Demnach ist es bedeutend besser, diese Lockerheit schon jetzt zu trainieren.

4.1 Der 1. Multiplikator – Sport

Vielleicht halten Sie sich an die Regel von Winston Churchill: „No sports, please!" und wollen dieses Kapitel schnell überblättern. Doch STOPP, bitte! Das sollten Sie auf keinen Fall tun. Ich möchte Sie hier nicht zum Leistungssport animieren, sondern Ihnen ein paar Grundsätze über sportliche Betätigungen näherbringen. Diese Grundsätze sind ein wichtiger Bestandteil für die zusätzliche Gewinnung von Lebensfreude.

Sollten Sie mir das nicht glauben, dann gehen Sie einmal auf einen Tenniscourt, einen Golfplatz oder eine Skipiste und beobachten Sie die Menschen, die dort Sport treiben. Selten werden Sie hier mürrisch dreinschauende Zeitgenossen erblicken. Die meisten dieser Menschen lachen, schmunzeln und strahlen Lebensfreude aus.

Woran liegt diese freudige Ausstrahlung? Zum einen daran, dass diese Menschen einen Teil ihrer Freizeit auf dem jeweiligen Sportgelände verbringen und zum anderen auch an den positiven Prozessen, die während des Ausübens von Sport im Körper ablaufen.

Zum besseren Verständnis für alle Nichtmediziner möchte ich mich hier auf eine laienhafte Darstellung dieser Prozesse beschränken. Jedes Mal, wenn Sie Ihren Körper bewegen, passiert in diesem eine Menge. Zum einen wird ihm viel Sauerstoff zugeführt. Zum anderen werden biochemische Prozesse eingeleitet, die Sie einfach nicht stoppen können, zum Beispiel die Produktion so genannter Glückshormone. Diese Hormone sorgen automatisch für eine bessere Grundstimmung in uns Menschen. Und genau deshalb fühlen sich die meisten Menschen während und auch nach sportlicher Betätigung bedeutend wohler als davor.

Nun erzeugen Sie diese biochemischen Prozesse nicht durch eine kurze Bewegungseinheit, sondern Sie *dürfen* sich schon ein wenig Zeit dafür nehmen. Also mit dem Gang zum Fernseher, in die Küche und zurück ist es leider nicht getan. Ihr Körper braucht ein wenig mehr Bewegung, um in den Genuss der Wirkung jener Glückshormone zu gelangen.

Viele Menschen in den so genannten Industrieländern sind es kaum noch gewohnt, aktiv Sport zu treiben. Sogar im Fitnessland USA nehmen die ohnehin schon übergewichtigen „Fastfoodmenschen" permanent zu. Selbst der Weg zum Tabak- oder Spirituosenhändler wird mittlerweile mit dem Auto zurückgelegt. Und nun sollen Sie plötzlich Sport treiben? Dieser Schritt ist oft nicht ganz einfach, aber eine wichtige Voraussetzung für Ihre Begeisterungsfähigkeit und Lebensfreude. Wie könnte man diese Menschen nun motivieren?

Am besten so wie mich. Ich war nicht gerade unsportlich, bin im Winter ab und zu Ski gefahren und war früher ein mehr oder weniger aktiver Fußballer. Im Urlaub kamen ein wenig Beachvolleyball, Tennis und Schwimmen hinzu. Doch eines konnte ich überhaupt nicht ausstehen: Joggen! Für mich waren die 1000 Meter in der Schule schon immer ein Grund, mir irgendwelche Ausreden einfallen zu lassen. Erst im Internat konnte ich mich für die 1000-Meter-Strecke begeistern. Denn dort liefen wir diese Distanz im Schlosspark, und ich kannte eine Abkürzung. Zum Aufwärmtraining meiner Fußballvereine kam ich bewusst immer ein wenig später, um das Runden laufen zu umgehen. Kurzum, ich war der Antijogger, wie er im Buche steht! Einige zwischenzeitliche Versuche das Joggen doch zu testen, scheiterten kläglich. Dann kam der Tag, an dem mir ein Buch über die Auswirkungen des Joggens auf unseren Körper und Geist in die Hände fiel. Es faszinierte mich derart, dass ich es in ein paar Stunden förmlich verschlang. Danach joggte ich ins nächstgelegene Sportgeschäft, kaufte mir eine Pulsuhr und ein paar Joggingschuhe. Genau seit diesem Tag jogge ich regelmäßig. Und das Tollste daran ist, ich jogge mit sehr viel Spaß und einer riesengroßen Begeisterung.

Sie werden vielleicht fragen: „Was stand in diesem Buch?" Dieses Werk schildert auf beeindruckende Art und Weise, was alles im menschlichen Körper durch das Joggen ausgelöst wird. Darin las ich, wie man mit Hilfe des Joggens am OP-Tisch der Herzchirurgen vorbeijoggt, wie man sein Blutbild positiv mit Hilfe des Joggens verändert und wie man sich damit stimmungsmäßig ganz nach oben katapultiert. Das Schönste daran war, mit Hilfe der Anleitungen in diesem Buch, konnte ich von Beginn an, ohne Verschnaufpause ca. 30 Minuten joggen. Ich, der ehemalige absolute Antijogger.

Sie möchten gern wissen, wie der Titel des Buchs lautet? Ehrlich gesagt, möchte ich Ihnen diesen Titel gar nicht verraten. Denn wenn Sie dieses Buch lesen, werden Sie zwangsläufig zum begeisterten Jogger. Sie tunen Ihre Blutwerte, setzen die Glückshormone in Ihrem Körper frei, und Sie erhalten eine unbändige zusätzliche Lebensfreude. Also es ist wirklich sehr gefährlich, dieses Buch zu lesen. Jetzt habe ich Sie aber lange genug auf die Folter gespannt. Der Titel lautet: „Forever young". Autor ist Dr. Ulrich Strunz. Für Ihre Motivation, spätestens jetzt Sport zu treiben, können Sie sich kaum eine bessere Lektüre gönnen.

Doch wie auch immer Sie sich entscheiden, für die Steigerung Ihrer Lebensfreude benötigen Sie einfach eine Dosis Sport. Wenn Sie darüber hinaus auch noch beruflichen Erfolg anstreben, kommen Sie um ein gewisses Maß an körperlicher Betätigung nicht herum. Denn wer beruflich Höchstleistungen vollbringen will, der braucht ganz einfach einen Körper, der durch und durch topfit ist.

Ob Sie sich Heiner Geißler – ehemaliger Generalsekretär der CDU – oder auch Barack Obama ansehen, bei all diesen Menschen können Sie erkennen, wie wichtig und auch hilfreich für die Lebensfreude eine Prise Sport ist. Es müssen ja nicht gleich Gewalttouren auf den Himalaja sein, wie sie Reinhold Messner vollbringt.

4.2 Der 2. Multiplikator – Spiel

Lebensfreude hat zwangsläufig mit diesem Multiplikator zu tun. Denn wer das Leben als Spiel betrachtet, hat einfach mehr Spaß und Freude daran.

Das Leben als Spiel zu betrachten, fällt vielen Menschen erst einmal schwer. Für zahlreiche Menschen besteht das Leben aus harter Arbeit und der Erfüllung von Pflichten. Dagegen gibt es auch erst einmal nichts zu sagen. Denn dass wir Menschen arbeiten müssen, ist unbestritten und dass das Erfüllen von Pflichten zum Leben gehört, ist den meisten ebenfalls sonnenklar. Die Frage, die sich nur stellt, ist: „Mit welcher Einstellung verrichte ich diese Pflichten? Ist meine Einstellung eher spielerischer Natur oder eben nicht.

Sicherlich sind viele große Leistungen dieser Erde mit Disziplin und einer gewissen Ernsthaftigkeit vollbracht worden. Doch wenn Sie sich diese einmal genauer betrachten, entdecken Sie bei fast allen außergewöhnlichen Leistungen auf unserer Welt auch etwas Spielerisches.

Wenn Sie sich zum Beispiel erfolgreiche Wissenschaftler anschauen, bemerken Sie sehr oft, dass diese Menschen eine spielerische Natur besitzen. Um im Labor nächtelang immer wieder Versuche zu starten und sich auch von Misserfolgen nicht entmutigen zu lassen, müssen sie ein wenig verspielt und kreativ sein.

Viele Ärzte, die sich sonst nur mit Krankheiten beschäftigen, sind in ihrer Freizeit ausgezeichnete Musiker. Erfolgreiche Unternehmer, die oft für Tausende von Arbeitsplätzen verantwortlich sind, entspannen sich beim Schach oder Golf spielen.

Unser Altbundeskanzler Helmut Schmidt entspannte sich nach

einem anstrengenden Arbeitstag am Klavier. Anscheinend entspannte er sich so oft und gut an seinem Flügel, dass er es sogar zu kleineren Konzertauftritten mit Justus Frantz, dem berühmten Dirigenten und Pianisten, gebracht hat. Sie müssen nicht gleich Konzertpianist werden, auch einfaches, unterhaltsames Musizieren kann Ihre spielerische Ader fördern

Sollten Sie von Natur aus kein Spieler sein, können Sie diese Eigenschaft auf jeden Fall entwickeln. Es müssen keine Gesellschaftsspiele sein, die Sie sich aneignen, es gibt auch völlig andere Möglichkeiten. Spielen Sie zum Beispiel mit Ihren Kindern, powern Sie sich beim Tennis aus, versinken sie in der Welt des Schach. Es ist ganz egal, was Sie sich zum Spielen aussuchen. Hauptsache Sie fördern damit Ihre spielerische Ader. Auch wenn diese vielleicht im Laufe der Jahre etwas verschüttet wurde. Als kleines oder auch großes Kind haben Sie sehr wahrscheinlich genauso wie Ihre Altersgenossen gespielt. Damals waren es vielleicht Puppen, Autos oder Spiele wie Räuber und Gendarm. Heute kann es eventuell Ihre Eisenbahn auf dem Dachboden oder auch das Computerspiel Ihres Sohnes sein. Entwickeln Sie einfach den Mut, Ihre Freude am Spielen wieder auszugraben. Denn wer zu Hause spielt, trainiert unbewusst seine spielerische Ader. So geht er auch alltägliche Aufgaben spielerischer an, fördert seine Kreativität und erhält eine Portion Leichtigkeit für den Alltag. All das zusammen fördert Ihre Lebensfreude gerade in herausfordernden Lebenssituationen.

Gibt es zum Beispiel in Ihrem Unternehmen oder Ihrer Familie ein Problem, dann machen Sie ein Spiel daraus. Lassen Sie die Beteiligten zu Mitspielern werden. Sie werden sehen, dass auf diese spielerische Art so manche Herausforderung bedeutend schneller bewältigt wird, als wenn alle Beteiligten mit verbissener Miene versuchen, sie zu meistern. Diese Methode wird übrigens mit großem Erfolg von erfolgreichen Beratern und Trainern bei Konfliktsituationen in Unternehmen eingesetzt.

Sie sehen, es gibt neben der Lebensfreude noch eine Menge Gründe, seine spielerische Ader zu entwickeln. Damit das nicht nur nette Sätze in diesem Buch bleiben, notieren Sie sich am besten jetzt gleich, mit welchen Spielen Sie sich und Ihre Lebensfreude trainieren möchten.

Zu folgenden Spielen hätte Lust:

1.

2.

3.

Am besten könnte ich
(Hier tragen Sie einen Wochentag oder ein Datum ein, an dem Sie das jeweilige Spiel spielen wollen).
Spiel 1 am

Spiel 2 am

Spiel 3 am

beginnen.

Mindestens ein Spiel sollten Sie auf jeden Fall fest geplant haben. Wenn nicht, Sie wissen schon, tragen Sie es jetzt gleich ein, bevor Sie weiterlesen.

4.3 Der 3. Multiplikator – Spaß

Wenn Sie nicht ab und zu einmal Spaß haben, wird es mit der Lebensfreude im Normalfall auch nicht allzu weit her sein, denn:

Lachen ist die beste Medizin

Dies ist weit mehr als ein geflügeltes Wort beschäftigt sich doch mittlerweile die Wissenschaft mit dieser Aussage. Alljährlich werden Lachkongresse auf der ganzen Welt veranstaltet. Auf ihnen treffen sich Mediziner, Therapeuten und Psychologen, um ihre Erkenntnisse bezüglich der Auswirkungen des Lachens auszutauschen und der Öffentlichkeit vorzustellen. Zum Beispiel findet in Bad Gögging einmal jährlich ein deutscher Lachkongress statt. Beim letztjährigen Lachkongress war unter anderem eine „Lachdoktorin" anwesend, die über Ihre Erfahrungen mit dem Lachen als Therapieform in amerikanischen Krankenhäusern berichtete. Diese Medizinerin referierte unter anderem über verkürzte Liegezeiten in amerikanischen Kliniken, die mit Hilfe von professionellen Clowns täglich ihre Patienten zum Lachen anregen. Ein anderer Arzt berichtete von der unterstützenden Heilwirkung des Lachens bei der Krebstherapie.

Und wenn das Lachen solch positive Auswirkungen bei kranken Menschen hat, dann kann man sich ungefähr ausmalen, welch grandiose Folgeerscheinungen ein herzhaftes Lachen bei gesunden Menschen haben muss. Also könnte Ihre neue Devise lauten:

Lach mal wieder!

Jetzt ist nur die Frage zu klären, mit welchen Spaßfaktoren Sie sich zum Lachen bringen können.

Da ist zum einen der Spaß an sportlicher Betätigung oder

irgendeinem anderen Hobby. Zum anderen gibt es den Spaß in Comedy-Shows, Komödien oder sonstigen humorvollen Darbietungen. Und dann gibt es noch den Spaß im Alltag; genau um diesen Spaß wollen wir uns im folgenden Teil kümmern.

Natürlich sind die anderen Spaßfaktoren ebenfalls wichtig. Doch da hat jeder seinen eigenen Geschmack und auch seine eigene Art, sich begeistern zu lassen.

Prima wäre es, diese unterschiedlichen Spaßfaktoren in das „normale" Leben zu integrieren. Nun besteht der Alltag nicht nur aus kabarettistischen Einlagen und Slapsticks, dennoch kann man auch hier seinen Spaß haben. Dies ist wie bei fast allen Begeisterungsfaktoren vor allem eine Sache der Einstellung.

Auch diese Einstellung können Sie trainieren. Ähnlich wie bei den Begeisterungsfaktoren, kann man sich seine Spaßfaktoren entweder bewusst machen oder diese entwickeln. Damit Ihnen dies leichter von der Hand geht, fragen Sie sich doch einmal:

Was macht mir in meinem Leben so richtig Spaß?

Beginnen Sie ruhig mit Ihren persönlichen Spaßfaktoren und überlegen Sie sich dann, welche sonstigen Spaßfaktoren Ihr Leben bereichern könnten. Das können zum Beispiel Motorrad fahren oder Segeln sein. Dies kann natürlich auch ein beruflicher Spaßfaktor sein, wie zum Beispiel Freude an der beruflichen Karriere. Ganz gleich, für welche Art von Spaß Sie sich entscheiden, die Hauptsache ist, Sie haben Grund zum Lachen bzw. Schmunzeln. Beantworten Sie sich zum Entdecken Ihrer Spaßfaktoren doch folgende Fragen:

Was macht mir in meinem Leben Spaß?

Was bringt mich persönlich zum Lachen?

Welche neuen Ideen würden mir persönlich Spaß bereiten?

Welche Spaßfaktoren könnte ich zusätzlich in mein Leben integrieren?

Nachdem Sie diese Fragen beantwortet haben, überlegen Sie sich noch, wie Sie die zusätzlichen Spaßfaktoren in Ihr Leben einbinden könnten. Oder wie Sie noch bewusster bestehende Spaßfaktoren genießen könnten.

Wenn Sie nun die drei Faktoren der Lebensfreude-Formel, *Sport*, *Spiel* und *Spaß* miteinander verbinden, dann haben Sie nicht nur eine Menge zu Lachen, sondern gewinnen einen gewaltigen Schuss Lebensfreude hinzu.

Genau das meint Dr. Ulrich Strunz in seinem Buch mit dem Begriff „Frohmedizin". Eine Medizin, die dem gesunden Menschen hilft, gesund und fit zu bleiben.

Haben Sie einmal den kürzlich verstorbenen Johannes Heesters mit über 100 Lebensjahren in einer Talkshow erlebt? Dann kennen Sie sein Erfolgsrezept für ein langes und vor allen Dingen glückliches Leben: Mit viel Spaß und Begeisterung das Leben genießen! Auch Johannes Heesters hatte Schicksalsschläge hinter sich, das Lachen hatte er trotzdem nicht verloren. Vielleicht war dies das Geheimnis für sein langes Leben.

5. Die Formel der Energiegewinnung – 3 x E = Energie³

Ohne Energie keine Begeisterung

So einfach könnte man diese Formel auf den Nenner bringen. Ist nämlich der Akku leer, kann nichts mehr fließen. Und damit ihr Akku stets gut gefüllt ist, beschäftigen wir uns nun mit der Formel der Energiegewinnung:

Das erste „E" steht für Erleben,

das zweite „E" steht für Erholen.

Das dritte „E" steht für Entspannen.

Sicherlich kennen Sie den mittlerweile bekannten Ausspruch des italienischen Fußballtrainers Giovanni Trapattoni: „... spielt wie Flasche leer ...!" Damit niemand so über Sie reden kann, sollten Sie sich mit der Formel der Energiegewinnung beschäftigen.

Das neudeutsche Wort: „Burn-Out-Syndrom" ist Ihnen sicherlich aus Presse und den Wirtschaftsmagazinen ein Begriff. Dieses Ausgebranntsein, scheint schon fast in Mode gekommen und wird gern mit dem Modewort *Stress* verbunden. Beides zusammen ergibt dann den gestressten Manager oder die ausgelaugte Managerin, der oder die sich körperlich und geistig kaum noch über Wasser halten können. Doch nicht nur Manager und Managerinnen sind von diesem Zustand betroffen, sondern auch scheinbar beruflich weniger beanspruchte Zeitgenossen.

Und dann kommt jemand wie ich daher und verkündet die frohe Botschaft der Begeisterung. Die Zeit wird immer knapper, die Leistungsansprüche immer größer, und die Medien suggerieren einem, stets topfit und super gestylt durch die Welt zu ziehen. Das kann für einige Menschen ein bisschen viel werden.

Damit Sie sich von diesem Druck erst gar nicht einfangen lassen, beherzigen Sie schlichtweg unsere bekannte einfache Formel: 3 x E (Erleben – Erholen – Entspannen) = Energie^3

Kennen Sie DJ Bobo? Er ist ein Star der Musik-Szene. Wenn es darauf ankommt, heizt er seinen Fans die ganze Nacht ein. Woher nimmt dieser Mann nur seine Energie, fragen sich viele. Die Antwort lautet: Erleben – Erholen – Entspannen. Das macht er beispielsweise in seinem Heimatort in der Schweiz, wo er bestimmt nicht nur die Ruhe und Beschaulichkeit, sondern sicherlich auch seine Erfolge genießt.

5.1 Faktor 1 der Energiegewinnung – Erleben

Ob Sie wollen oder nicht, Sie müssen alles erleben. Die Frage ist nur: Wie tun Sie das? Wie empfinden und gestalten Sie Ihr Leben? Begeistert, freudig oder freudlos? Die Antworten auf diese Fragen haben einen gewaltigen Einfluss auf Ihren Energiehaushalt. Wer nämlich sein Leben begeistert und freudig erlebt, hat logischerweise einen ganz anderen Energiepegel als jemand, der sein Leben frustriert und freudlos verbringt.

Sie selbst konnten diesen Umstand wahrscheinlich schon am eigenen Leib verspüren. Denn irgendwann haben wir alle begeisternde und auch frustrierende Situationen erlebt. Sehr wahrscheinlich war Ihr Energiepegel in den begeisternden Situationen bedeutend höher als in den frustrierenden Lebenssituationen.

Als Sie sich zum Beispiel in Ihrem Leben so richtig gefreut haben, vielleicht als Sie verliebt waren, konnten Sie sehr wahrscheinlich vor lauter Kraft und Energie Bäume ausreißen. Hatten Sie jedoch ein weniger erfreuliches Erlebnis, fühlten Sie sich eher schlapp und müde. Höchstwahrscheinlich hatten Sie nicht einmal mehr Lust, eine Blume zu pflücken.

Bei aller Begeisterung können wir auch solche Situationen nicht ausschließen. Es wird immer wieder einmal irgendetwas in unserem Leben nicht so funktionieren, wie wir uns das vorstellen. Doch wie viel Energie wir in solchen Situationen besitzen, das können wir sehr wohl beeinflussen. Genau auf diese Energie kommt es im Ernstfall an.

Denn dass die eine oder andere Sache in unserem Leben nicht gleich auf Anhieb klappen wird, ist ganz normal und gehört zu unserem Leben dazu. Wie wir aber in solchen Situationen reagieren, und wie viel Kraft wir dann, trotz gedrückter Gemütsverfassung, haben, können wir Menschen, Gott sei Dank, selbst steuern.

Jemand, der bereits im normalen Alltag seine Energie und Kraftreserven aufgebraucht hat, darf sich nicht wundern, dass er in herausfordernden Situationen keine Power mehr hat, um das Ruder eventuell herumzureißen.

Mit dem Faktor „Erleben" sorgen Sie dafür, dass Sie auch in solchen Fällen genügend Energie besitzen werden. Wobei Sie Erleben auch mit *genießen* übersetzen können.

Sind Sie nämlich in der Lage, Ihre persönlichen, privaten und beruflichen Erfolge zu genießen, dann tanken Sie geradezu automatisch eine Menge Energie auf. Diese Energie speichert sowohl Ihr Geist als auch Ihr Körper in seinen Energiedepots ab.

Dieses bewusste Erleben bzw. Genießen seiner eigenen Erfolge ist für viele Menschen leichter gesagt als getan. Seien Sie versichert, jeder Mensch hat solche Erfolgserlebnisse, doch nur wenige saugen diese positiven Gefühle auch in sich auf.

Auf die Frage „Welche Erfolge hatten Sie in Ihrem Leben?" wissen viele meiner Seminarteilnehmer zunächst keine Antwort. Erst wenn ich ein wenig nachbohre, kommen dann doch erstaunlich viele Erfolgserlebnisse an das Tageslicht. Angefangen von den Erziehungserfolgen liebender Eltern bis hin zu dem Erfolg einer begeisternden Partnerschaft oder der Freude über berufliche Erfolge werden Erfolgserlebnisse unterschiedlichster Art sichtbar.

Die Kunst besteht darin, sich diese Erfolge wirklich bewusst zu machen!

Ein Freund von mir, der ein großes Unternehmen aufgebaut hat, ist ein absoluter Profi in dieser Art der Energiegewinnung. In seinem beruflichen und privaten Umfeld fragt man sich ständig: „Woher nimmt dieser Mann bloß seine Energie?" Denn was dieser Mensch an Energieaufwand betreibt, ist fast schon unglaublich. Nicht nur, dass er in wenigen Jahren ein sehr erfolgreiches Unternehmen aufgebaut hat, sondern vor allem mit welchem Energieeinsatz er das vollbracht hat, grenzt schon fast an ein Wunder. Fünfzehn bis zwanzig Stunden währende Arbeitstage sind für ihn seit Jahren völlig normal. Urlaub ist fast ein Fremdwort, und jetzt kommt das Beste: Er ist meistens gut gelaunt!

Wie schafft dieser Mann solch ein Pensum? Ist er ein Workaholic? Nimmt er Drogen? Oder bricht er bald zusammen? Das sind alles Fragen, die man sich in seinem Umfeld schon vor zehn Jahren gestellt hat. Auch die Frage „Wie lange hält er das noch durch", stand schon vor langen Jahren im Raum.

Er ist weder Workaholic, noch nimmt er Drogen, und außerdem ist er topfit und gesund. Allerdings gönnt er sich ein Wundermittel und das heißt: Erleben! Er erlebt seine Erfolge bedeutend bewusster als die meisten Menschen. Er begeistert sich tagtäglich, ich betone tagtäglich, an seinem Leben, an seiner Arbeit und an den Menschen, die mit ihm gemeinsam leben. Jeden Augenblick des Erfolgs, und sei dieser noch so klein, saugt er in sich auf. Aufsaugen bedeutet in diesem Fall nicht, dass er in die Welt hinaus posaunt, wie erfolgreich er wieder war.

Nein, er genießt die großen und kleinen Erfolge seiner eigenen Person und der Menschen in seinem Umfeld. Das können für ihn erfolgreich verlaufende Gespräche mit Kunden oder Erfolg versprechende Telefonate mit seinen Lieferanten sein. Dies können gute Verkaufszahlen des Außendiensts sein. Das kann aber auch die erfolgreiche Unterstützung eines Menschen betreffen, dem er in einer Notsituation geholfen hat. Ihm ist es egal, wie groß oder klein sein Erfolg ist. Er erlebt jeden Erfolg sehr bewusst. Und das ist die Grundlage für sein unglaubliches Energiedepot.

Jetzt möchte ich Ihnen keinen Zwanzig-Stunden-Arbeitstag empfehlen und Ihnen auch nicht Ihren Urlaub abspenstig machen, sondern Ihnen mit diesem Beispiel einfach zeigen, welche Auswirkungen es hat, wenn man sich seine täglichen Erfolge bewusst macht. Damit Ihnen dies auch gelingt, beantworten Sie am besten diese Fragen:

Auf welche Erfolge kann ich in meinem Leben stolz sein?

Welche Erfolge habe ich zu wenig genossen?

Wie könnte ich diese Erfolge auch jetzt noch genießen?

Welche täglichen Erfolge könnte ich bewusster erleben?

Wie könnte ich mir diese täglichen Erfolge bewusst machen?

Jetzt brauchen Sie nur noch Ihre Erkenntnisse umsetzen, und schon erleben Sie täglich mehrere Energieschübe. Ein hervorragender Zeitpunkt für dieses bewusste Erleben der persönlichen Erfolge ist auf jeden Fall der Abend. Sollte Ihnen das ein oder andere Erfolgserlebnis im Verlauf des Tages entschwunden sein, können Sie es am Abend noch nachträglich genießen.

Und jetzt kommt vielleicht der beste und wichtigste Tipp für Ihre Energiegewinnung:

Seien Sie dankbar!

Stellen Sie sich jeden Abend zusätzlich diese Frage:

Wofür kann ich heute wieder dankbar sein?

Wenn Sie das tun, kann ich Ihnen Folgendes versprechen: Sie verpassen sich in diesem Moment eine Energiespritze, die Sie in keiner Apotheke dieser Welt kaufen können. Denn die Dankbarkeit für die zahlreichen angenehmen Erlebnisse, hilfreichen Unterstützungen anderer Menschen und für die vielfältigen Möglichkeiten, die sich uns jeden Tag bieten, ist meines Erachtens nicht nur ein Energiebringer, sondern auch einer der wichtigsten Faktoren für die eigene Begeisterung.

Ein begeisterter und energiegeladener Mensch ist letztendlich immer ein dankbarer Mensch. Die Auswirkungen der Dankbarkeit werden oftmals unterschätzt. Doch wenn Sie auf Dauer Ihr Energie- und Begeisterungspotenzial ausbauen möchten, kommen Sie an diesem Dankbarkeitstipp nicht vorbei.

**Dankbarkeit ist der beste Weg,
seine Erfolge bewusst zu erleben und auszubauen.**

Zahlreiche Beispiele belegen diese Aussage. Unternehmen, die für ihre Kunden dankbar sind, haben kaum Absatzprobleme. Mitarbeiter, die für ihren Arbeitsplatz dankbar sind, haben automatisch Spaß an ihrer Arbeit. Unternehmer, die ihren Mitarbeitern dankbar sind, bekommen so gut wie nie Motivationsprobleme. Dankbarkeit ist mit Sicherheit auch das beste Abwehrmittel gegen das Gesetz der Vertrautheit im Sinne von Gewöhnung.

Der sicherste Weg, sich diese Dankbarkeit stets bewusst zu machen, ist die allabendliche Frage: Wofür kann ich heute wieder dankbar sein?

Es gibt genügend Beispiele prominenter Persönlichkeiten, die im Zuge ihres Erfolgs die Dankbarkeit verloren haben. Doch gibt es auch eine große Anzahl berühmter Menschen, bei denen das Gegenteil der Fall ist. Ein Beispiel dafür ist Bill Gates, einer der reichsten Männer auf unserem Planeten. Auch wenn viele ihm seinen Erfolg neiden, hat er seine Mitmenschen nie vergessen. Seine von ihm ins Leben gerufene Stiftung, die von seiner Frau geleitet wird, ist die finanziell am besten ausgestattete Stiftung dieser Erde. Jetzt könnte man meinen, das ist kein Kunststück bei seinem Einkommen und Vermögen. Das mag schon sein, doch zeugt dieses immense Stiftungskapital auf jeden Fall von einer sehr großen Dankbarkeit, denn verpflichtet ist auch ein Bill Gates zu Wohltätigkeit nicht.

5.2 Faktor 2 der Energiegewinnung – Erholen

Auch wenn ich Ihnen im vorhergehenden Kapitel den Unternehmer mit der scheinbar unbegrenzten Energie vorgestellt habe, komme ich nun zu dem Energiefaktor *Erholen*.

Auch hier geht es um das bewusste Erholen bzw. Auftanken. Im Normalfall braucht jeder Mensch seine Erholungsphasen, um nicht auf Dauer seine Energietanks leer laufen zu lassen. Auch der genannte Unternehmer mit seinem schier unerschöpflichen Energiepotenzial gönnt sich natürlich seine Erholungsphasen.

Die Frage ist nur: Wie erholt sich ein Mensch? bzw. Wie tankt ein Mensch neue Energien auf? Hier gibt es kein Patentrezept, denn Erholung ist eine sehr individuelle Angelegenheit. Der eine regeneriert sich beim Sport, in dem er sich völlig verausgabt. Der andere erholt sich im Gespräch mit Freunden oder tankt bei einer Meditation neue Energien.

Das einzig Wichtige ist, dass Sie sich bewusst erholen. Ein Akku, der permanent auf Hochtouren läuft, ist irgendwann einmal leer. Ein Benzintank, der nicht ab und zu einmal aufgetankt wird, liefert logischerweise keinen Sprit mehr, genau so *dürfen* Sie Ihr Energiepotenzial betrachten. Unabhängig davon, wie alt oder jung Sie sind.

Gerade bei jungen Menschen bekommt man oft den Eindruck, sie hätten Energiereserven ohne Ende. Doch auch das stimmt nicht. Junge Menschen erholen sich im Regelfall nur etwas anders als ältere. Ein Jugendlicher erholt sich zum Beispiel bei einer Party und tanzt die ganze Nacht durch. Das kann für ihn Erholung pur sein. Er schaltet ab, lässt seinen Alltag hinter sich und bringt seinen Körper wieder so richtig in Schwung. Körper und Geist danken es ihm, indem sie durch diese Art Erholung neue Energien aufbauen.

Ein Erwachsener braucht unter Umständen eine andere Art der Erholung, um sich Energie zuzuführen. Er bevorzugt zumeist eher ruhigere Erholungsphasen. Doch auch bei Erwachsenen gibt es sehr unterschiedliche Formen der Regeneration.

Wie sieht es nun bei Ihnen mit der Erholung aus? Erholen Sie sich bewusst? Das können Sie ganz einfach feststellen, indem Sie sich einmal folgende Frage stellen:

Bin ich täglich topfit und energiegeladen?

Wenn Sie diese Frage mit einem klaren *Ja* beantworten können, dann machen Sie in dem Punkt anscheinend alles richtig. Sollten Sie allerdings mit einem *Jein* oder sogar mit einem *Nein* antworten, dann wird es höchste Zeit, sich über Ihre persönliche Erholung Gedanken machen.

Vielleicht wundern Sie sich über das Wort „täglich". Ein Mensch, der ein begeistertes Leben führen möchte, sollte bestrebt sein, auch täglich dazu in der Lage zu sein. Doch um Tag für Tag begeistert leben zu können, müssen Sie unbedingt topfit sein.

Allerdings ist dies ein hoher Anspruch! Doch Sie können diesem Anspruch gerecht werden. Sie brauchen nämlich nur dafür zu sorgen, dass Sie neben den alljährlichen Urlaubszeiten, täglich bewusste Erholungsphasen einbauen. Viele Menschen meinen an diesem Punkt, dafür hätten Sie keine Zeit. Dazu kann ich Folgendes sagen:

Für sein Energiepotenzial hat ein erfolgreicher und begeisterter

Mensch alle Zeit, die er sich wünscht. Erstens entscheiden Sie eigenverantwortlich über Ihr Zeitbudget, und zweitens können Sie sich einmal bewusst machen, wie viel Zeit Sie plötzlich hätten, wenn Ihre Energiereserven komplett aufgebraucht sind. Spätestens dann haben nämlich alle eine Unmenge Zeit. Denn in diesem Fall liegen diese Menschen meist in einem Krankenhaus oder zumindest zu Hause im Bett. Wer Raubbau mit seinen Energiedepots betreibt und sie aufbraucht, bei dem geht irgendwann nichts mehr.

Also machen Sie sich lieber heute Gedanken über Ihre täglichen Erholungsphasen. Auch wenn es nicht gleich zu einem Zusammenbruch kommen muss, benötigen Sie diese, um wirklich jeden Tag begeistert leben und erleben zu können.

Und jetzt kommt die gute Nachricht. Sie können sich nun die angestrebten Erholungsphasen und das nötige Zeitpotenzial schenken. Das funktioniert wiederum ganz einfach. Zuerst überlegen Sie, wie Sie sich täglich erholen können. Dann machen Sie sich Gedanken, wie Sie an die nötige Zeit gelangen.

Die erste Frage hierzu ist:

Wobei könnte ich mich täglich erholen?

Hier können Sie Ihrer Fantasie freien Lauf lassen. Schreiben Sie ruhig einmal alles auf, was Ihnen zu dieser Frage einfällt. Das könnte das ausgiebige morgendliche Frühstück, ein entspanntes Bad in der Wanne oder auch der alltägliche Dauerlauf sein. Da in dieser Frage das

Wort „könnte" vorkommt, brauchen Sie Ihre Ideen erst einmal nicht alle umzusetzen.

Und die zweite Frage, die Sie sich beantworten *dürfen*, ist:

Wofür verwende ich unnötige Zeit?

Auch bei dieser Frage sind Ihrer Fantasie keine Grenzen gesetzt. Das kann zum Beispiel das allabendliche Fernsehen sein, das Sie davon abhält, sich aktiv zu erholen? Eventuell stehen Sie am Morgen zu spät auf und lassen so die Chance verstreichen, sich schon frühmorgens mit einer Meditation bewusst zu erholen? Vielleicht sitzen Sie während einer langen Mittagspause die ganze Zeit in einer verräucherten Kantine, anstatt sich bei einem Spaziergang aktiv eine bewusste Erholungsphase zu gönnen?

Die Beantwortung kann ganz unterschiedlich ausfallen. Sie müssen nicht unbedingt Antworten finden. Wenn Sie zum Beispiel fest davon überzeugt sind, dass Sie sich vor dem Fernseher, in Ihrem Bett oder in der Kantine bewusst erholen können, ist das auch o.k.!

Doch ehrlich gesagt, bin ich von solchen Erholungsphasen weniger überzeugt. Ein bewusst genossener Film hat durchaus Erholungswert. Doch den ganzen Abend vor der Flimmerkiste zu sitzen, scheint mir nicht die ideale Erholung zu sein. Ab und zu einmal ausschlafen, ist gewiss für die Erholung wichtig. Doch jeden Morgen mit Zeitstress aufzustehen und abgehetzt in der Firma anzukommen, ist auf Dauer eher Dis-Stress, also unangenehmer Stress. Eu-Stress, positiver Stress, wären eher das morgendliche Joggen, die Meditation oder ein ausgiebiges, entspanntes Frühstück.

Hier sind nun die beiden Fragen noch einmal, mit denen Sie sich Ihre Erholungsphasen schenken können:

Wobei könnte ich mich täglich erholen?

Wofür geht mir Zeit verloren?

Damit Sie konkrete Ergebnisse mit diesen Fragen erzielen, notieren Sie sich am besten jetzt gleich, welche Erholungsmöglichkeit Sie *wie* umsetzen. Es kann durchaus sein, dass Sie hier wieder auf eine Bequemlichkeitszone stoßen. Doch darüber können Sie sich nur freuen, denn auch hier bedeutet das Verlassen der Bequemlichkeitszone, dass Sie sich in eine neue Entwicklungszone bewegen.

Übrigens, der energiegeladene Unternehmer, von dem ich Ihnen vor einigen Seiten erzählte, steht jeden Morgen um 5.30 Uhr auf, damit er sich bei einer kleinen Runde Golf bereits vor seinem Arbeitstag erholen kann. Sie sehen, wo ein Wille ist, ist auch ein Weg.

Abtauchen und erholen ist für viele Superstars eine wichtige Grundlage für die persönliche Leistungsfähigkeit. Ob Sie Michael

Schumacher oder Jürgen Klopp betrachten – es gibt immer wieder Zeiten, in denen sich diese Sportstars zurückziehen, von der Außenwelt abschotten und einfach ihre Ruhe haben wollen. Sie brauchen kein Superstar zu sein, um sich ebenfalls diese Erholung zu gönnen.

Dabei wünsche ich Ihnen jetzt schon viel Spaß.

5.3 Faktor 3 der Energiegewinnung – Entspannen

Entspannen ist bei aller Begeisterung ebenfalls ein wichtiger Faktor. Ein Mensch kann nicht nur unter permanenter Hochspannung stehen. Hier würde sich mit der Zeit eine Anspannung ergeben, die der kraftvollste Mensch nicht aushält. Ist der Bogen überspannt, dann bricht er eben entzwei. Und das ist sicherlich nicht der Zweck der Übung.

Gerade in der heutigen Zeit, in der die Menschen einer enormen Informationsflut ausgesetzt sind, wird es immer wichtiger, sich ab und zu zurückzuziehen, seinen Körper und Geist zu entspannen. Auch als begeisterter Mensch brauchen Sie nicht die ganze Zeit wie ein angespannter Bogen herumzulaufen und Ihrem Umfeld zu zeigen, welch dynamischer Zeitgenosse Sie sind. Begeisterung kann auch bedeuten, dass Sie mit aller Ruhe und in einem entspannten Zustand das Feuer dafür entfachen. Doch auch wenn Sie wie ein Flitzbogen durch den Alltag ziehen, ist es ratsam, sich ab und zu einmal bewusste Entspannung zu gönnen.

Natürlich können Sie sich bei Sport, Spiel und während Ihrer Erholungsphasen entspannen. Doch in diesem Kapitel ist vor allen Dingen die ruhige Entspannung gemeint. Dazu gehören Meditationen, Entspannungsreisen, Yoga oder sonstige Entspannungstechniken. Das können Tai Chi, Qigong oder Autogenes Training sein. Egal wofür Sie sich entscheiden, ich bin sicher Ihr Körper und Ihr Geist danken es Ihnen.

Wer einmal die Ruhe genossen hat, die sich während einer Meditation einstellt, weiß welches Begeisterungspotenzial sich hinter solch entspannenden Minuten oder auch Stunden verbirgt.

Durch diese Entspannungswege baut sich ein Energiepotenzial auf, von dem die meisten Menschen nicht einmal zu träumen wagen. Sollten Sie sich diese Art der Energiegewinnung noch nicht gegönnt haben, dann beginnen Sie noch heute damit.

Welche Kraft sich hinter diesen unterschiedlichen Methoden verbirgt, wird Ihnen am besten deutlich, wenn Sie sich zum Beispiel die Shaolinmönche und ihre Übungen anschauen. Diese Mönche schaffen damit fast Unglaubliches. Sie zertrümmern zentimeterdicke Holz- bzw. Steinplatten auf ihren Körpern, ohne dass sie auch nur einen Kratzer davontragen würden. Auch wenn Sie nicht gerade mit solchen Beschäftigungen Ihr Geld verdienen, kann Ihnen dieses Beispiel vermitteln, welche Kraft- und Energiegewinnung mit meditativen Übungen möglich ist.

Übertragen auf unseren Alltag bedeutet diese Art von Energiegewinnung, dass Sie sich mit der Zeit ein Schutzschild gegen alle möglichen Widrigkeiten aufbauen, denen auch ein begeisterter Mensch ausgesetzt ist. Sie tanken in diesen stillen Momenten unendliche Kraft, Energie und Begeisterung.

Zum besseren Verständnis über die Wirkungsweise entspannender Techniken möchte ich Ihnen ein paar nähere Informationen über das autogene Training liefern. Es ist eine medizinisch anerkannte Form der Entspannung. Hierbei wird durch bewusste Suggestion erreicht, dass sich die Blutgefäße weiten und nun die Durchblutung angeregt wird. Die übende Person spürt diese Wärme am gesamten Körper. Man wirkt also bewusst auf das, für uns sonst gar nicht so bewusst beeinflussbare vegetative Nervensystem ein und erreicht auf diese Art und Weise einen angenehmen Entspannungszustand. Mit etwas Übung können Sie in Sekundenschnelle abtauchen und sich in einen entspannten Zustand versetzen.

Ein Meister der Entspannung ist Lionel Richie, der Sänger aus den USA. Vor jedem Konzert versammelt er seine Bandmitglieder um sich, zündet ein paar Kerzen an, schaltet das Licht aus und verharrt einige Minuten in aller Stille. Auf diese Art und Weise tanken er und seine Bandmitglieder enorme Kraft für das bevorstehende Konzert. Wenn Sie Lionel Richie schon einmal auf der Bühne erlebt haben, dann wissen Sie, welche Kraft Sie mit Hilfe der unterschiedlichen Entspannungsmethoden gewinnen können.

Eine kleine Übung, die Sie jetzt gleich ausprobieren können, ist folgende:

Setzen Sie sich bequem auf Ihren Stuhl, stellen Sie beide Füße parallel nebeneinander auf den Fußboden und atmen Sie ganz normal weiter. Jetzt achten Sie auf Ihren Atem und lassen diesen einfach fließen. Genießen Sie Ihren Atem einfach. Nach ein, zwei Minuten beginnen Sie beim Einatmen bis zwei zu zählen und genauso beim Ausatmen. Nach diesem Rhythmus atmen Sie bis zu acht Mal ein und aus. Jetzt zählen Sie beim Ein- und Ausatmen bis drei. Das machen Sie ebenfalls acht Mal. Nun steigern Sie Ihren Zählrhythmus bis vier. Und diese Steigerung Ihres Zählrhytmus erhöhen Sie nach jeweils acht Durchgängen. Stellen Sie bitte keinen neuen Rekord auf, sondern steigern Sie sich nur so lange, wie Ihnen das Atmen leicht fällt. Das kann beim ersten Mal der Vierer-, Fünfer- oder Sechser-Rhythmus sein. Es geht bei dieser kleinen Atemübung nur um das bewusste Genießen Ihres Atems und nicht um einen Eintrag in das Guinnessbuch der Rekorde. Wenn Sie diese Übung mehrmals täglich oder zumindest einmal am Tag wiederholen, werden Sie ohnehin feststellen, dass Sie Ihren Atemrhythmus mit der Zeit ausdehnen können.

Bereits beim ersten Mal werden Sie sicherlich eine innere Ruhe verspüren. Genießen Sie diese Ruhe ganz einfach.

Wenn Sie sich jetzt noch zusätzlich mit den beschriebenen Entspannungsmethoden vertraut machen und Ihre großen und kleinen Erfolge bewusst erleben, sich zudem gezielte Erholungsphasen gönnen, dann steht Ihrer Energiegewinnung überhaupt nichts mehr im Wege.

6. So mixen Sie Ihren lebenslangen Begeisterungscocktail!

Sie haben es fast geschafft! Jetzt können Sie mit dem Mixen beginnen. Die Zutaten für Ihren Begeisterungscocktail kennen Sie ja bereits.

Nun starten Sie und legen die jeweilige Menge der einzelnen Zutaten fest. Und dann dosieren Sie mit viel Fingerspitzengefühl diese Zutaten. Schütteln Sie alles kräftig durch und *fertig* ist Ihr persönlicher Begeisterungscocktail.

In der Praxis sieht das Ganze folgendermaßen aus:

Sie nehmen die Themen der einzelnen Kapitel, schauen sich Ihre persönlichen Notizen dazu an und überlegen sich, welches Begeisterungsthema Sie *wie* und *wann* angehen. Ähnlich wie bei einem Rezept werden Sie sicherlich nicht alles zur gleichen Zeit umsetzen. Sondern Sie werden sich Stück für Stück um die einzelnen Zutaten kümmern. Je nachdem, welche Essenz Ihnen fehlt, werden Sie sich nach und nach um diesen Bestandteil kümmern. Genauso verfahren Sie mit diesem Buch.

Nehmen wir einmal an, das Thema innere Begeisterung liegt Ihnen besonders am Herzen. Dann beschäftigen Sie sich zunächst mit den Tipps, Fragen und Check-Listen aus dem entsprechenden Kapitel, bearbeiten diese mit Hilfe eines Zeitplans, überprüfen Ihre Ergebnisse und wenden sich nach dem erfolgreichen Abschluss einer neuen Zutat aus diesem Buch zu.

Und siehe da, plötzlich ist Ihr persönliches Wundermittel fertig. Wie Asterix nehmen Sie täglich einen Schluck von Ihrem Begeisterungscocktail und spüren unglaubliche Kräfte in Ihrem Inneren. Das Allerschönste ist, Sie brauchen keinen Druiden, der Ihnen diesen Zaubertrank verabreicht, sondern Sie können sich täglich selbst Ihr eigenes Zaubergetränk mixen. Sie allein bestimmen die Dosis, den Zeitpunkt und auch die Wirkung Ihres Cocktails.

Ganz gleich, ob Sie diesen Cocktail beruflich oder privat, für Körper oder Geist brauchen – er steht Ihnen jederzeit zur Verfügung.

Für diesen Cocktail benötigen Sie nur eines:

Ihr Begeisterungspotenzial!

Und das schlummert in Ihnen oder ist bereits geweckt, so dass die Herstellung dieses Cocktails nur noch eine Kleinigkeit für Sie ist.

Aus diesem Grund finden Sie zum Abschluss dieses Buches das gesamte Rezept Ihres Begeisterungscocktails noch einmal in Kurzform.

Das Begeisterungsrezept in Kurzform:

Man entdecke das Basis-Serum, die innere Begeisterung, baue diese aus und entwickle sich zum Begeisterungsdenker.

Jetzt wende man sich dem Begeisterungselixier, seiner Eigenverantwortung, zu, gönne sich das Träumen von Visionen und plane deren Umsetzung.

Nun mixe man sich mit Hilfe der Formel „3 x S" seine unbegrenzte Lebensfreude. Treibe ein bisschen Sport, spiele ab und an und sorge für eine Menge Spaß in seinem Leben.

Sobald diese Lebensfreude richtig entwickelt wurde, sorge man nun mit der Formel „3 x E" für die Gewinnung eines kolossalen Energiepotenzials. Man erlebe und genieße seine kleinen und großen Erfolge bewusst, regeneriere sich umfassend durch geplante Erholungsphasen und entspanne sich mit einfachen Atemübungen oder sonstigen Methoden.

Hat man sich auf diese Art und Weise entspannende Zutaten entwickelt, genieße man diese einfach.

Um die Wirkung dieses Cocktails wirklich garantieren zu können, gebe man nun einen kräftigen Schuss Dankbarkeit hinzu.

All diese Zutaten mixe man je nach Bedarf beständig mit viel Spaß und einer Menge Power.

Und dann genießen Sie einfach die Wirkung Ihres Cocktails:

Die Kraft der Begeisterung!

Dabei wünsche ich Ihnen jede Menge Spaß, Lebensfreude und Power.

Mein persönliches Dankeschön!

Herzlich bedanken möchte ich mich am Ende bei Ihnen, für Ihre Aufmerksamkeit und Ihr Interesse an diesem Buch. Danke möchte ich auch meiner Frau Jutta sagen, die mich während der vielen Schreibtage und -nächte mit viel Geduld, gutem Essen und tollen Ideen bestens versorgt hat.

Ein besonderer Dank gilt auch Ulrike Ascheberg-Klever, die professionell und mit viel Liebe zum Detail diese Ausgabe nicht nur lektoriert hat, sondern auch meine spontanen Formulierungen in eine lesbare Form gebracht hat.

Ein großes Dankeschön geht an Wolf Scherner, der mit seiner Kreativität das interessante Buchcover und den Buchblock gestaltet hat.

Nicht vergessen möchte ich all meine Seminarteilnehmer, die mich mit Ihren Ideen, Fragen und mit Ihrer begeisternden Mitarbeit immer wieder motiviert haben, das Thema *Begeisterung* weiter zu vertiefen.

Über Ihr Feedback, Ihre Erlebnisse und Erfahrungen mit diesem Buch freue ich mich natürlich ganz besonders.

Meine Kontaktadresse finden Sie auf der folgenden Seite.

Kontaktadresse

Hier können Sie unser aktuelles Seminarprogramm und alle Bücher von Andreas Nemeth anfordern. Außerdem erfahren Sie unter dieser Adresse alle Seminartermine und die Termine der öffentlichen Auftritte von Andreas Nemeth.

NEMETH
Training + Beratung
Postfach 1930
97669 Bad Kissingen
Tel.: 0971-65184
Fax: 0971-60456
E-Mail: info@nemeth-training.de
Websites: www.nemeth-training.de
www. andreas-nemeth.de

Weitere Bücher von Andreas Nemeth:

Erfolg fällt nicht vom Himmel
Via Nova – Verlag

Glücklichsein in jeder Lebenssituation
Via Nova Verlag

Die Serviceoase – Traum oder Wirklichkeit?
NEW-Verlag

So macht Verkaufen richtig Spaß
NEW-Verlag

Über-lebe – Vom Überleben zum erfüllten Leben
NEW-Verlag

So setze ich mich durch!
NEW-Verlag

Reden ist Silber, Überzeugen ist Gold!
NEW-Verlag

Das ganze Jahr gut drauf!
NEW-VERLAG

Der begeisterte Verkäufer
NEW-VERLAG

Der Autor stellt sich vor:

Andreas Nemeth – der Potenzialentwickler - Erfolgscoach und Buchautor, zählt seit über 20 Jahren zu den erfolgreichen und meist gebuchten Kommunikationstrainern und Speakern im deutschsprachigen Raum.

Auf Symposien und Tagungen begeistert Andreas Nemeth sein Publikum mit Vorträgen über leistungssteigernde Motivations- & Kommunikationsstrategien mit seinen JABALANCE® Potenzial-prinzipien.

Als der Potenzialentwickler im deutschsprachigen Raum ist es für ihn eine Berufung, erfolgreichen Unternehmen und Persönlichkeiten aus den verschiedensten Bereichen zu zeigen, wie sie ihre Leistungspotenziale entdecken, ausbauen und vor allem nutzen können. Mit seinem Unternehmen und seinem Team hält der Kommunikationstrainer seit Jahren erfolgreiche Motivationstrainings, Verkaufstrainings und Führungstrainings ab. Weitere Informationen über Andreas Nemeth erhalten Sie unter www.nemeth-training.de!